DAVIDE ROSSI

L'ATTUALITÀ DEL PENSIERO DI KARL MARX

Introduzione di Emilio Sabatino
Postfazione di Massimiliano Ay

PGRECO

Anna Seghers

Centro Studi

www.annaseghers.it

annaseghers@libero.it

e

ELR
Edizioni Le Ricerche – Losone (Svizzera)
Direttore: Jean Olaniszyn - jeanolanisky@gmail.com
Membro corrispondente dell'Accademia delle Arti e delle Scienze della Repubblica Federativa Russa

Il presente libro è stato realizzato in occasione del bicentenario della nascita di Karl Marx 1818 – 2018 e del 135° della sua scomparsa 1883 – 2018

In copertina: Karl Marx insieme a Friedrich Engels sovraintende la stampa di un numero della Gazzetta Renana

Via Gabbro 4-20100 Milano
Per informazioni
E-mail: info@edizionipgreco.it
www.edizionipgreco.it
ISBN: 9788868022372

INDICE

L'ATTUALITÀ DEL MARXISMO, A PARTIRE DAL CONFRONTO COI MARXISTI DEL MONDO

di Emilio Sabatino
Vicedirettore Centro Studi "Anna Seghers e segretario nazionale SISA

Davide Rossi è un marxista che fin da giovane ha letto Marx, non solo alle superiori il "Manifesto del Partito Comunista" e alcuni testi filosofici ed economici, ma che ha scelto di studiarlo con metodica attenzione dopo che nel 1991 ha iniziato a viaggiare e a conoscere i paesi dell'Europa poco prima ancora socialisti. Teoria e prassi quindi, indagando il marxismo nelle sue costruzioni statuali. Ha così partecipato nel novembre 1997, il più giovane tra i presenti, al convegno tra professori di orientamento marxista – italiani e russi – promosso dai comunisti di Gennadij Zjuganov nei giorni dell'80° anniversario della Rivoluzione d'Ottobre a Gorki Leninskie, là dove Vladimir Lenin si è spento nel 1924. Quello stesso anno, durante l'estate, presente come delegato al Festival Mondiale della Gioventù e degli Studenti all'Avana, ha iniziato un dibattito coi marxisti cubani che ancora oggi prosegue, arricchito da tante successive visite nell'isola caraibica. Nel 1999 i comunisti cileni l'hanno ospitato in ragione della traduzione in spagnolo del suo primo libro "Cile democrazia sofferta" e i marxisti cileni, tra cui il compagno Luis Corvalan, segretario del Partito ai tempi di Salvador Allende, hanno animatamente discusso e riflettuto con lui in merito al pensiero marxista, alla sua applicazione e alla sua attualità. Per l'America Latina è poi venuto il tempo del socialismo bolivariano, dal Venezuela di Hugo Chavez e Nicolas Maduro, alla Bolivia di Evo Morales, all'Ecuador di Rafael Correa, nazioni che Davide Rossi ha amato, conosciuto, difeso, che difende e di cui ha incontrato i presidenti. In Europa i contatti da lui promossi spaziano dalla Fondazione Rosa Luxemburg di Berlino, ai marxisti albanesi e a quelli delle repubbliche un tempo parte della Jugoslavia. Col tempo ha abbracciato l'Africa, con le sue contraddizioni, ma anche con le significative esperienze di Patrice Lumumba, in Congo a Kinshasa, dove ha lungamente soggiornato, è in contatto coi rari continuatori del pensiero del grande statista, del Burkina Faso da cui è da poco tornato dopo aver partecipato alla commemorazione per il 30° anniversario della scomparsa del grande rivoluzionario Thomas Sankara e ancora di Amilcar Cabral padre della lotta di Liberazione della Guinea Bissau e Capo Verde. L'Asia, non ultima, dai compagni turchi del Partito Vatan, marxisti che per lunghi anni hanno subito il carcere e la repressione in ragione delle loro idee, passando per lo sciismo politico, certo non immediatamente marxista, ma grazie a pensatori come Ali Shariati così capace di contatti e di prossimità rispetto all'ideale dell'eguaglianza marxista tanto da riflettersi nella Rivoluzione iraniana e nella quotidiana azione rivoluzionaria di Hezbollah. Per poi giungere ai paesi socialisti dell'Estremo Oriente, Laos, Cina, Mongolia, Corea Popolare di cui ha incontrato pensatori marxisti e dirigenti politici, e Vietnam cui ha dedicato solo un breve soggiorno, tuttavia carico delle esperienze e del pensiero di Ho Chi Min, tra i più grandi marxisti del Novecento e tra i fondatori della III Internazionale.

Questo mio breve riassunto dei contatti e delle relazioni costruite da Davide Rossi in oltre un quarto di secolo coi tanti marxismi di oggi non è e non vuole essere una pagina di geografia itinerante al suo inseguimento, è piuttosto una ragionata ricostruzione della complessità e della ricchezza dell'analisi marxista da lui condotta, che si è confrontata con la realtà del mondo e da questa ha tratto elementi, spunti, riflessioni che sono stati capaci di concorrere non solo a una dichiarata e ribadita dimensione internazionalista e antifascista, ma soprattutto a una profondità di pensiero che nasce dall'ascolto concreto e disponibile di coloro che il marxismo non lo hanno archiviato nel passato, relegandolo in una impossibile e utopica alternativa, né di coloro che lo hanno ridotto – soprattutto in Europa – a un virtuosismo intellettuale, ma coloro che lo costruiscono nella quotidianità come alternativa multipolare all'imperialismo occidentale. Un'alternativa nella quale la Repubblica Popolare di Cina, agli occhi di Davide Rossi la nazione che con più vigore e più intelligenza ha realizzato un cammino di successo nel solco del pensiero marxista, è chiamata a svolgere un ruolo centrale in questo secolo.

Questo libro non ci racconta di come funziona il marxismo in quei paesi che marxisti lo sono ancora, questo forse sarebbe interessante, ma occorrerebbe un altro libro. Questo testo ci aiuta a capire l'attualità del pensiero di Karl Marx alla luce di quello che oggi accade nel mondo. Davide Rossi allora ci propone di rileggere e ripensare la vita rivoluzionaria di Karl Marx, riflettere sulle leggi economiche universali da lui riconosciute, osservare come "Il Capitale" rappresenti la teoria di una società socialista, comprendere come l'emancipazione di tutti i popoli e la lotta al neo-colonialismo siano in stretto contatto col marxismo, come materialismo storico e materialismo dialettico non siano affatto superati e quanto il marxismo combatta gli apparati di potere delle chiese, ma non il sentimento religioso che è parte fondamentale dell'identità personale e collettiva dei popoli.

Si scoprirà allora che il marxismo nel mondo è vivo, vivace, propositivo, attuale.

L'ATTUALITÀ DEL PENSIERO DI KARL MARX

*A tutti e tutti coloro che, in ogni parte del mondo, continuano
a perseguire un cammino di giustizia e di uguaglianza.
Perché, anche se non sono marxisti, certamente apprezzano e
ammireranno l'opera e il pensiero di Karl Marx*

LA VITA RIVOLUZIONARIA DI KARL MARX

"I marxisti sono stati i primi socialisti che hanno sollevato la questione della necessità di analizzare non soltanto la vita economica, ma tutti gli aspetti della vita sociale."

Vladimir Lenin
"Che cosa sono gli amici del popolo"

Chi è stato Karl Marx, l'uomo dalla corporatura vigorosa e dall'intelligenza tirannica di cui parlano i resoconti di polizia? Enrico Donaggio ne tratteggia una vibrante e luminosa descrizione: "*Lo scienziato sociale di cultura enciclopedica che analizza con rigore il modo di produzione capitalistico, profetizzandone al contempo il tramonto, il critico che smaschera le illusioni e la falsa coscienza di filosofi, economisti e ideologi, per dare corpo al sogno di una vera libertà, il giornalista radicale sempre alle prese con la censura, che dirige e si vede chiudere una rivista dopo l'altra, il militante rivoluzionario che istruisce e incanta i propri compagni in nome della causa dei lavoratori, l'esule costretto a spostarsi tra Germania, Francia, Belgio e Inghilterra, braccato dalle autorità di mezza Europa*". Una vita coerente ed eccessiva, segnata dalle "*ristrettezze e da una generosa vitalità, tutte manifestazioni di un'esistenza che ha scelto la lotta quale principale fonte di speranza e di felicità.*" Una battaglia durata tutta la sua esistenza, tutta la vita modesta ed errabonda del più geniale filosofo sociale del XIX secolo, capace di descrivere l'alienazione capitalistica e mercificatrice di ogni relazione e di ogni persona o cosa e al contempo il visionario capace di immaginare il riscatto e la liberazione dell'umanità oppressa, verso un uomo onnilaterale, poliedrico, integrale, libero ed emancipato, figlio di una nuova organizzazione della vita economica volta a rovesciare tutti i rapporti di produzione e le forme di relazioni fino ad allora esistite, il cui manifestarsi e realizzarsi sarebbe stato un inevitabile compito della storia.

Moses Kiessel Mordechai Levi, figlio di Hirshel Halevi Mordechai, nasce a Trier, in italiano Treviri, martedì 5 maggio 1818, quarto di nove figli. Suo nonno Mordechai Halevi ben Schmuel Postelberg è stato rabbino della città e tra i suoi antenati vi è anche Judah Ben Eliezer Halevi Minz, figlio del rabbino Elieser di Magonza e per mezzo secolo, nella seconda metà del '400 rabbino di Padova.

Il padre di Moses, che nel frattempo ha trasferito la numerosa famiglia da Bruckenstrasse 10 a Simeonstrasse 8, tra la romana Porta Nigra e la piazza del mercato, tuttavia preferisce Voltaire e Rousseau alle lunghe e meditative riflessioni sui testi sacri e a metà degli anni '20 la famiglia si converte al protestantesimo, a tutela del lavoro di avvocato e consigliere di stato del padre, stimato dai prussiani, che si sono impadroniti della città dopo la breve e fortunata stagione giacobina che l'ha vista strettamente legata alla Francia. Hirshel Halevi Mordechai prende il nome di Heinirch Marx ed è comunque tenuto sotto controllo per le sue idee moderatamente progressive. Il figlio Moses diventa Karl Marx, è uno studente della scuola primaria e quando cambia il nome non sa che con quel nuovo nome cambierà il mondo. Appena il giovane Karl entra al ginnasio, l'Europa è scossa dai moti del '30-'31, una nuova tappa dello scontro tra l'ascendente borghesia e la declinante aristocrazia nel dominio del nuovo secolo. Nell'aula magna del ginnasio di Treviri, ancor oggi visitabile, il 24 settembre 1835 il diciassettenne Karl Marx è congedato con ottimi voti nelle materie letterarie e scarsa conoscenza del francese, prende subito la strada di Bonn, città natale del ribelle Ludwig van Beethoven, democratico e antimonarchico, capace a Teplice nel luglio 1812 di rifiutarsi di inchinarsi di fronte al re. A Bonn Marx anche assecondando la volontà paterna ha intrapreso gli studi di giurisprudenza, ma vi resterà solo due semestri. Nel tema di licenza liceale aveva scritto: "*dobbiamo scegliere una professione nella quale possiamo maggiormente operare per l'umanità, allora gli oneri non potranno più schiacciarci, perché essi saranno solo un sacrificio per il bene di tutti, la nostra gioia allora non sarà miseramente limitata ed egoistica e la nostra felicità apparterrà a milioni di persone, le nostre imprese, allora saranno eternamente operanti e milioni di lacrime ardenti bagneranno le nostre ceneri.*" Nello slancio eroico del giovane c'era il presentimento del futuro, il cuore dell'ideale che avrebbe portato il suo nome. La provinciale Bonn manca di quel fermento politico che agita la capitale e decide quindi, col consenso paterno, di trasferirsi a Berlino. L'estate dei suoi diciotto anni tuttavia la passa a casa, sulle amene rive della Mosella, dove si innamora di Jenny von Westphalen, di quattro anni più grande di lui. Solo la morte del padre di lei permetterà ai due di maritarsi nel 1843. La vita berlinese è ricca di stimoli, l'università Humboldt, dove si iscrive, vede ancor oggi e dai tempi della DDR campeggiare all'ingresso la sua frase: "*I filosofi hanno soltanto diversamente interpretato il mondo, ora si tratta di cambiarlo*", undicesima "Tesi su Feuerbach" pubblicata nel 1845, lo avvicina allo studio della filosofia, favorito da alcuni malanni fisici, che lo conducono ad abbandonare lo studio delle leggi e ad evitare il servizio militare. Prende invece a frequentare assiduamente i circoli della sinistra hegeliana, con i quali apre un vivace confronto intellettuale. Quando si riprende, il padre è mancato e la sua situazione finanziaria si è fatta precaria. Si laurea così all'università di Jena nel 1841 con una tesi sul confronto tra le filosofie di Democrito e di Epicuro, può sembrare un argomento remoto ed accademico, ma in realtà Marx coglie l'occasione per mettere a confronto le dispute tra gli hegeliani berlinesi del suo tempo.

Rientrato a Treviri, manifesta tutta la sua distanza dall'idealismo, di cui ribalta attraverso il materialismo la visione, e conseguentemente si orienta verso il giornalismo politico. Tra i primi del 1842 e il marzo del 1843 è prima redattore e poi direttore a Colonia della "Gazzetta Renana", in questa veste conosce Friedrich Engels, giovane prussiano trasferitosi a Manchester insieme al padre imprenditore e in visita alla redazione. Engels rifiuta il mondo paterno, denuncia la gravità delle condizioni di vita del proletariato e a un'operaia irlandese, Mary Burns si è da poco unito. Nasce un'amicizia indissolubile che farà di Marx ed Engels i fondatori del socialismo scientifico. I due si ritrovano presto a Parigi dove Marx e la moglie devono scappare, inseguiti dalla polizia prussiana. Vanno a vivere a pochi passi da "Les Invalides", in cui da pochi mesi sono state traslate le spoglie mortali di Napoleone, fino ad allora anch'esse esiliate a Sant'Elena. Nel 1844 nasce Jenny Caroline la prima figlia di Marx, in un giorno che diverrà importante per tutti i marxisti, il 1° maggio, e vede la luce anche il suo primo libro, scritto insieme a Engels, ovvero "Critica della critica critica", conosciuta anche come "La sacra famiglia", attacco diretto contro Bruno Bauer e tutti quegli intellettuali della sinistra hegeliana chiusi nei loro salotti ed estranei alle masse ed anzi ad esse ostili e quindi ostili ad ogni azione che prevedesse il coinvolgimento e il protagonismo del popolo, nonché la tesi secondo cui la realtà derivi dalle idee, quando in realtà sono le idee che devono la loro esistenza alla concretezza della realtà. Coevi sono i "Manoscritti economico-filosofici" nei quali è delineato per intero e con chiarezza l'ideale comunista. La proprietà privata è infatti l'origine e la causa della vita umana alienata e quindi la necessità della soppressione di essa e dei rapporti sociali che la generano e la tutelano non è che la soppressione di qualsiasi alienazione. Il comunismo è l'eliminazione dell'alienazione, quindi della proprietà privata. Tutto questo s'inscrive in uno sviluppo storico i cui contorni sono delineati dall'incedere impetuoso del protagonismo delle masse proletarie operaie e contadine. Il periodo parigino è anche quello dell'amicizia con il poeta Heinrich Heine, di vent'anni più grande di Marx, capace di affezionarsi all'amico tanto da andare da lui e da Jenny tutti i giorni, dall'amicizia nascono poesie come il "Canto dei tessitori slesiani", dedicato alla rivolta degli operai, che nella traduzione carducciana, così si chiude: "*Vola la spola ed il telaio scricchiola. Noi tessiamo affannosi e notte e dì: Tessiam, vecchia Germania, il lenzuol funebre Tuo, che di tre maledizion s'ordì. Tessiam, tessiam, tessiamo!*". La poesia esce sul giornale francese di lingua tedesca "Vorwärts!", ovvero "Avanti!", che senza punto esclamativo diventerà nel 1876 il nome del giornale dei socialdemocratici tedeschi. Il bisettimanale parigino è pubblicato invece da gennaio a dicembre del 1844 e Marx ne è tra gli autori e i curatori. A Parigi tuttavia Marx non è solo giornalista, partecipa ad assemblee politiche e riunioni operaie, interviene, organizza, promuove. Abbastanza per innervosire la polizia monarchica di Luigi Filippo e ricevere ai primi del 1845 un foglio di espulsione. La famiglia si trasferisce così a Bruxelles, ancora più a Nord, ancora più al freddo, in quella landa desolata e triste che è il Belgio.

Sappiamo da tempo che i cosiddetti diritti umani, ben lungi dal difendere i reali e concreti diritti delle donne e degli uomini alla casa, al lavoro, alla salute, alla cultura, all'istruzione, alla tutela nella vecchiaia, sono declinati in senso liberale con l'obiettivo di ridurre tutto alla presunta libertà d'espressione, per altro molto relativa, perché nelle società liberal – liberiste ci si può esprimere fintanto che non si ha un seguito, ovvero se si è innocui per il sistema capitalistico – consumistico, altrimenti si viene rapidamente zittiti. Il filosofo Slavoj Žižek denuncia questa aberrante deformazione dei diritti umani a clava dell'imperialismo occidentale nel suo libro del 2006 dal titolo "Contro i diritti umani" e sappiamo bene che da allora il "dirittomunitarismo" di matrice buonista, ovvero demenzialmente asservito agli interessi speculativi e finanziari, ha solo intensificato il suo operato, contro la Cina, la Russia, la Corea Popolare, l'Iran, il Venezuela, tuttavia già Marx ci aveva messo in guardia, contro la mistificazione falsificatoria dei "diritti dell'uomo" propugnati dalle rivoluzioni borghesi americana e francese, quest'ultima capace di soffocare ogni istanza giacobina proprio in nome dell'interesse privato dell'emergente borghesia francese. Al proposito il giovane Marx ha scritto: "*essi sono il prodotto storico della Rivoluzione americana e di quella francese, in essi quindi si cela una mistificazione. L'uomo, soggetto di questi diritti, non è altro che l'individuo privato della società civile e perciò caratterizzato da interessi particolari, celati sotto una fasulla universalità, nessuno dei cosiddetti diritti dell'uomo oltrepassa dunque l'uomo egoistico, l'uomo in quanto è membro della società civile, cioè individuo ripiegato su se stesso, sul suo interesse privato e sul suo arbitrio privato e isolato dalla comunità.*" Pochi uomini abbienti, ai tempi di Marx, gli uomini occidentali che vivevano dello schiavismo e dello sfruttamento delle donne e degli uomini di Africa, Asia e America Latina e dei proletari in Europa e nel primo mondo, così come non molto diversamente oggi. Marx nei "Manoscritti economico-filosofici del 1844" scrive: "*Il comunismo come soppressione positiva della proprietà privata intesa come autoestraneazione dell'uomo, e quindi come reale appropriazione dell'essenza dell'uomo mediante l'uomo e per l'uomo; perciò come ritorno dell'uomo per sé, dell'uomo come essere sociale, cioè umano, ritorno completo, fatto cosciente, maturato entro tutta la ricchezza dello svolgimento storico sino ad oggi. Questo comunismo s'identifica, in quanto naturalismo giunto al proprio compimento, con l'umanismo, in quanto umanismo giunto al proprio compimento, col naturalismo; è la vera risoluzione dell'antagonismo tra la natura e l'uomo, tra l'uomo e l'uomo, la vera risoluzione della contesa tra l'esistenza e l'essenza, tra l'oggettivazione e l'autoaffermazione, tra la libertà e la necessità, tra l'individuo e il genere. È la soluzione dell'enigma della storia, ed è consapevole di essere questa soluzione*." La sua idea di storia e di comunismo sono già chiari. Marx scrive nel 1845 le undici tesi filosofiche su Feuerbach, che però verranno pubblicate postume da Engels, a settembre Jenny dà alla luce la secondogenita Laura e si arrabatta per recuperare il carbone per la stufa e sovraintendere alla altre incombenze domestiche. Engels nel frattempo è venuto ad abitare nella casa attigua a quella dell'amico a Bruxelles in rue dell'Alliance e insieme soggiornano temporaneamente nel Regno Unito, a Londra e a Manchester. Il viaggio permette a Marx di approfondire gli studi di economia. A Bruxelles, ai primi del 1846 Marx ed Engels decidono di dare vita al "Comitato comunista di corrispondenza" che cerca di connettere e mettere in contatto i lavoratori belgi e degli altri paesi, in particolare inglesi, tedeschi e francesi, ma col tempo anche russi, svizzeri, italiani e di altre nazioni. Il Comitato si riunisce il mercoledì sera e la domenica pomeriggio, in questo secondo caso con finalità non solo politiche, ma anche conviviali, come balli e feste, che coinvolgano anche le famiglie. In questo contesto Marx tiene le conferenze dedicate a "Lavoro salariato e capitale".

Nel cuore della città al ristorante e albergo del Cigno si riuniscono le associazioni democratiche e operaie belghe e nel frattempo Marx ed Engels iniziano la stesura del "Manifesto del Partito Comunista". Son anche questi i mesi in cui scrivono la "Ideologia tedesca", fortemente critica con il pensiero hegeliano e posthegeliano, il libro però non uscirà in Westaflia, come programmato e rimarrà inedito fino al 1932, dopo essere stato salvato dai topi a cui volontariamente i due autori lo hanno abbandonato. In esso si leggerà: "*Il comunismo non è per noi uno stato di cose che debba essere instaurato, un ideale al quale la realtà dovrà conformarsi. Chiamiamo comunismo il movimento reale che abolisce lo stato di cose presenti.*" Il "Manifesto", come ricorda Lenin, si afferma come teoria della società e programma rivoluzionario, riconoscendo un nuovo soggetto capace di fare irruzione nella storia: il proletariato.

È anche questa l'opera in cui Marx ed Engels esprimono per la prima volta il concetto di materialismo storico, ovvero un approccio alla realtà empirico e verificabile che ribalta il metodo dialettico hegeliano, perché non si parte più dalle idee per raggiungere la realtà, ma si parte dalla realtà per raggiungere e formulare le idee. Dal materialismo storico e dall'analisi sociale ed economica della società deriva la convinzione che la storia umana sia la storia delle classi in conflitto tra loro e delle regole economiche imposte dalla classe dominante. Queste diventano strutturali rispetto all'organizzazione della realtà sociale, mentre le altre variabili sono da esse dipendenti, ovvero sovrastrutturali. Le condizioni economiche e quindi di vita di una società determinano in forma cogente l'esistenza dei suoi membri, quindi le relazioni economiche sono strutturali, le altre relazioni: culturali, religiose, giuridico – normative, ideologiche sono sovrastrutturali. Tutto questo è certamente vero ancora oggi, tuttavia alcune sovrastrutture, come la religione, hanno nella dimensione non del potere burocratico degli apparati religiosi, ma nel sentimento profondo della fede dei popoli e dei singoli, un'essenza maggiormente prossima alla dimensione strutturale piuttosto che sovrastrutturale. Allo stesso modo il dominio e la manipolazione del sistema mediatico, sul finire del XX secolo e nei primi anni del XXI secolo, ha dimostrato una capacità di determinazione delle vite delle persone ben superiore a un semplice dato sovrastrutturale. Tutto questo Marx in parte lo aveva colto, come sul tema delle religioni, in parte gli sarebbe stato impossibile, essendo allora inimmaginabile il livello di connettività e di comunicazione oggi praticati.

Dal materialismo storico deriva il materialismo dialettico che è stato più volte definito come la dottrina della materia in movimento e come il metodo della logica nello studio delle sue contraddizioni. Ancora una volta vale la polemica e il ribaltamento della realtà operato da Marx rispetto a Hegel, dalla realtà le idee e non il contrario, così dalla testa, ovvero i fenomeni mentali e spirituali, su cui poggiava il metodo hegeliano, Marx propone di passare ai piedi ovvero sulla supremazia della materia. Josif Stalin ne dà una sintetica definizione: "*Il materialismo filosofico marxista parte dal principio che il mondo e le sue leggi sono perfettamente conoscibili, che la nostra conoscenza delle leggi della natura, verificata dall'esperienza, dalla pratica, è una conoscenza valida, che ha il valore di una verità oggettiva.*"

Tuttavia Marx tornerà tardivamente su questi concetti, per altro espressi da Engels nell' "Anti-Dühring" del 1878, un trentennio infatti separa quel testo dai tempi brussellesi.

Ai primi di dicembre del 1847 i due rivoluzionari sono a Londra all'hotel Red Lion per il secondo congresso della Lega, ottengono il consenso sulle loro posizioni e possono procedere alla stesura definitiva di quel "Manifesto del Partito Comunista" che già hanno iniziato a scrivere a Bruxelles. Il congresso si conclude con le parole "*Proletari di tutti i paesi, unitevi!*" che chiuderà lo stesso Manifesto, terminato nel gennaio 1848 e che così si apre: "*Uno spettro si aggira per l'Europa: lo spettro del comunismo. Tutte le potenze della vecchia Europa si sono coalizzate in una sacra caccia alle streghe contro questo spettro: il papa e lo zar, Metternich e Guizot, radicali francesi e poliziotti tedeschi. Dov'è il partito di opposizione che non sia stato bollato di comunismo dai suoi avversari al governo, dove il partito di opposizione che non abbia ritorto l'infamante accusa di comunismo sia contro gli esponenti più progressisti dell'opposizione che contro i suoi avversari reazionari? Di qui due conseguenze. Il comunismo viene ormai riconosciuto da tutte le potenze europee come una potenza. È gran tempo che i comunisti espongano apertamente a tutto il mondo la loro prospettiva, i loro scopi, le loro tendenze, e oppongano alla favola dello spettro del comunismo un manifesto del partito.*" Metternich e Guizot usciranno malamente qualche mese dopo dalla scena politica, entrambi costretti a lasciare il potere, Marx ed Engels li hanno scelti perché nell'immaginario collettivo sono i volti dell'oppressione per i lavoratori francesi e quelli del vasto regno plurinazionale asburgico. Il 1848 porta all'azione i movimenti indipendentisti di carattere nazionale e le rivendicazioni partecipative dei lavoratori in tutto il continente, dalla Francia agli stati italiani, dall'Austro – Ungheria all'impero prussiano e agli altri stati germanici. È un fermento che appassiona i due amici e li convince a impegnarsi ancor maggiormente nella Lega internazionale dei Comunisti.

Marx trasforma la Lega dei Comunisti da soggetto furtivamente cospiratore a organizzazione propagandistica dei principi del socialismo scientifico. Il primo articolo dello Statuto della Lega dei Comunisti dichiara: "*Scopo della Lega è il rovesciamento della borghesia, il regno del proletariato, la soppressione dell'antica società borghese fondata sugli antagonismi di classe e l'instaurazione di una nuova società senza classi e senza proprietà privata.*" Le autorità belghe però non gradiscono l'attivismo di Marx, inizia così una serie di peregrinazioni che durerà più di un anno, dal marzo 1848 all'agosto 1849. Marx infatti dal 1845 è cittadino francese, ha dovuto rinunciare alla nazionalità tedesca, il re di Prussia lo voleva in galera e aveva chiesto l'estradizione ai belgi, che ai primi del '48 lo espellono, torna a Parigi, auspice il nuovo governo repubblicano, ad aprile raggiunge Colonia, gli è stato concesso infatti di soggiornarvi e subito fonda la "Nuova Gazzetta Renana – organo dei democratici", che esce per un anno a partire dal 1° giugno '48, tra arresti dei redattori e di Marx stesso e sequestri del giornale. Assolto dai tribunali, è espulso dal suolo tedesco, torna a Parigi, ma pure a Parigi è cambiato il vento, i conservatori spalleggiano Luigi Napoleone Bonaparte e gli operai francesi son già stati passati per le armi il giugno precedente, con cinquemila morti e venticinquemila arrestati solo nella capitale per mano del sanguinario generale Cavaignac, solo la Comune del 1871 sarà affogata in un maggiore bagno di sangue. Il cittadino francese Karl Marx è espulso, gli resta solo Londra, dove arriva ad agosto. È in miseria ed è stremato, pure Jenny è provata, Edgar nato a Bruxelles morirà presto, come i fratelli che lo seguiranno, martoriati dal freddo e dagli stenti, non raggiungeranno l'anno di vita, sia Guido, sia Francesca. Engels segue l'amico ma non sa come aiutarlo, poi prende una decisione irrimediabile e al contempo necessaria, accetta di lavorare nella fabbrica del padre.

Marx dopo il 1849 capisce che gli avvenimenti del biennio '48 – '49 hanno esaurito la possibilità di un cambiamento radicalmente immediato e rivoluzionario e decide di concentrarsi nello studio dell'economia politica. Si consolida così un pensiero che coniuga razionalità e organizzazione, quasi a sovrapporsi in una lucida analisi della realtà che fa scattare repentinamente il desiderio tutto passionale, ma non spontaneista, di una risposta rivoluzionaria all'ingiustizia praticata dalla violenza dell'uomo sull'uomo, che nega ogni uguaglianza. Certo, mai avrebbe potuto prevedere che le realtà statuali si sarebbero ridotte fino quasi ad evaporare, sopraffatte dal predominio del Capitale, in particolare nella sua dimensione sovranazionale e affaristico – speculativa. Il pensiero marxista si sostanzia, come ricorda Lenin, nell'approfondita conoscenza del pensiero utopistico francese, della filosofia tedesca, a partire dalla dialettica hegeliana, dell'economia politica inglese, Robert Owen con la teoria della cooperazione contrapposta alla concorrenza più di Adam Smith David Ricardo. L'analisi della subordinazione lavorativa che si trasforma in sottomissione porta in Marx alla fondamentale teorizzazione del valore di scambio della forza-lavoro del proletario che si trasforma in salario, lasciando in mano ai capitalisti un differenziale tra quanto remunerato e quanto incassato, ovvero il plusvalore. È questa analisi concreta della realtà sociale dell'Europa della metà del XIX secolo, capace di tenere sempre presente mezzi e fini restando estranea a picareschi voli pindarici, che convince Marx dell'impossibilità di venire a patti con il sistema borghese e della necessità di una azione politica rivoluzionaria.

È il 1850, i due amici hanno vissuto quasi ogni giorno insieme per sei anni, la loro è una separazione dolorosa, si scriveranno per anni quasi ogni giorno. Engels cercherà di garantire all'amico il necessario per una vita dignitosa, senza riuscirci, ingiunzioni di pagamento, creditori, sfratti, le difficoltà finanziarie si moltiplicheranno, le collaborazioni con i giornali statunitensi non saranno sufficienti, a un certo punto deve interromperle perché non ha modo di pagarsi i quotidiani e l'accesso alla biblioteca del British Museum. Jenny si ammala, pure Marx accusa problemi al fegato e si ammalerà di carbonchio per la carne scadente che riesce a rimediare per sé e per la famiglia. Helene Demuth, la governante che è con loro da sempre, ha un figlio da Marx nel 1851, ma Engels si attribuisce la paternità per aiutare l'amico a non avere altre frizioni e contrasti in famiglia. Il trentennio che Marx passerà a Londra sarà denso di scritture e di avvenimenti, ma le generali disastrose condizioni economiche della famiglia e la salute sempre più cagionevole tanto sua, quanto della moglie, interrompono a più riprese e rendono frammentari i suoi studi e le sue elaborazioni teoriche.

Nel 1854 muore il piccolo figlio Edgard e per qualche tempo la famiglia Marx trova una casa meno malsana. Nel 1857 inizia a scrivere i "Lineamenti fondamentali della critica dell'economia politica", ampio lavoro preparatorio a "Il Capitale". Nel 1859 termina "Per la critica dell'economia politica". Nel 1860 si intensificano i suoi rapporti con Lassalle che, come Marx, era giunto al socialismo attraverso la filosofia hegeliana. Per Marx sarà un po' un suo allievo. Lassalle morirà in duello nel 1864. Alla fine del 1860 Jenny si ammala di vaiolo, le figlie vengono subito spedite in Germania dai Liebknecht che si sono offerti di ospitarle, nel curare la moglie, pure Marx si ammala di vaiolo, ma per fortuna ne escono entrambi. Un'amnistia per gli oppositori politici permette a Marx di tornare in Germania, va a Berlino dai Lassalle nel 1861, le figlie rientrano a Londra, ma non potranno più andare a scuola, inizieranno a seguire lezioni private, tenute da amici della famiglia e qualche lezione privata di musica e di canto. I viaggi, anche in altri paesi europei, di Marx sono finalizzati, dopo lo scioglimento della Lega dei Comunisti, alla costituzione, che avviene nel 1864, dell'Associazione Internazionale dei Lavoratori, la Prima Internazionale, Marx ne redige il programma, che lo stesso Bakunin definirà importante, serio e profondo, mentre il confronto con gli anarchici e i mazziniani si fa sempre più vivace. I piccoli artigiani sono nella Prima Internazionale più degli operai, hanno consapevolezza della necessità di promuovere associazioni di mutuo soccorso e cooperativistiche. È in questo contesto che Marx elabora i concetti di collettivizzazione, di pianificazione economica, di proprietà statale dei mezzi di produzione e di strutturazione politica della società proletaria in vista di una trasformazione radicale degli apparati dello stato. Queste posizioni, differenti rispetto a quelle espresse un ventennio prima nel "Manifesto del Partito Comunista", più aderenti alla concreta realtà, diventeranno il programma dei gruppi più radicali del movimento marxista, ai quali si opporranno le correnti socialdemocratiche decise a perseguire un semplice miglioramento delle condizioni di vita dei lavoratori all'interno dello stato borghese e delle sue strutture politiche, spesso eredi dell'Ancien Régime, in particolare in Germania e nell'impero austro-ungarico.

La Guerra Civile americana interrompe la collaborazione del New York Daly Tribune con Marx e dopo il rifiuto delle ferrovie britanniche di assumerlo come impiegato, a causa della sua pessima grafia, si adatta a svolgere mille lavori precari e mal pagati. Molti incontri politici a cui Marx partecipa hanno luogo a Londra nel 1862, in concomitanza con la seconda Esposizione Universale. Nell'aprile 1864 Giuseppe Garibaldi va a Londra per incontrare Mazzini e incontra anche Marx, che lo mette in guardia dal frequentare l'aristocrazia inglese. L'eroe dei due mondi non l'ascolta e alla fine Marx ironizza, in una lettera a Engels, su come Garibaldi sia stato ingenuo a scambiare i damerini di corte per il popolo inglese. Tra ottobre e novembre del 1864 si svolge a Londra in Greek Street 18 la riunione costitutiva dell'Associazione Internazionale dei Lavoratori, è l'occasione per Marx e Bakunin di incontrarsi e di discutere in pubblico e in privato. Le tesi di Marx sono accolte e indirizzate a tutti i gruppi in Europa e nel mondo, a Ginevra nel settembre 1866 viene convocato il primo congresso della Prima Internazionale, è quello storico della richiesta delle otto ore lavorative giornaliere. Vale la pena rileggere per intero il breve testo che ha preso poi nome di "Statuti provvisori dell'Associazione Internazionale dei Lavoratori", scritto da Marx nel 1864 e approvato nell'assemblea pubblica al St. Martin's Hall di Londra, perché quel breve documento, concretizzava un percorso iniziato quasi un ventennio prima con la scrittura del "Manifesto del Partito Comunista". Ecco il testo che fonda la Prima Internazionale: "*Considerando, che l'emancipazione della classe operaia dev'essere opera dei lavoratori stessi; che la lotta della classe operaia per l'emancipazione non deve tendere a costituire nuovi privilegi e monopoli di classe, ma a stabilire per tutti diritti e doveri eguali e ad annientare ogni predominio di classe; che la soggezione economica del lavoratore nei confronti dei detentori dei mezzi di lavoro, cioè delle fonti della vita, è la causa prima della schiavitù in tutte le sue forme, di ogni miseria sociale, di ogni pregiudizio spirituale e di ogni dipendenza politica; che l'emancipazione economica della classe operaia è di conseguenza il grande scopo al quale ogni movimento politico deve essere subordinato come mezzo; che tutti i tentativi rivolti a questo scopo fino a oggi sono falliti per mancanza di solidarietà tra le diverse branche di lavoro di ogni paese e per l'assenza di un'unione fraterna fra le classi lavoratrici dei diversi paesi; che l'emancipazione della classe operaia, non essendo né un problema locale né nazionale, ma sociale, abbraccia tutti i paesi nei quali esiste la società moderna, e per la sua soluzione dipende dal concorso pratico e teorico dei paesi più progrediti; che il movimento rinnovantesi al presente della classe operaia nei paesi più industriali d'Europa, mentre fa nascere nuove speranze, in pari tempo costituisce un solenne avvertimento contro una ricaduta negli antichi errori e la spinge a congiungere immediatamente i movimenti ancora isolati; per queste ragioni diamo vita all'Associazione Internazionale dei Lavoratori.*"

Nel 1865 Marx scrive "Salario, prezzo e profitto". Gli impegni per l'Internazionale gli consentono a fatica di trovare spazi per la stesura de ""Il Capitale"", ma nel 1867 presso l'editore Meissner di Amburgo esce in mille copie il primo libro. Marx si trattiene presso il medico Ludwig Kugelmann, sia per la sua generosa ospitalità, sia per ovviare alla sempre cronica difficoltà economica. Engels decide allora di vendere la sua parte di proprietà della fabbrica di Manchester e si impegna a corrispondere una somma costante alla famiglia Marx, un miglioramento consistente per le loro condizioni di vita. I congressi dell'Internazionale si susseguono, il secondo a Losanna nel 1867, il terzo a Bruxelles nel 1868, il quarto a Basilea nel 1869. Il 18 marzo 1971 a Parigi nasce la Comune che sventolando la bandiera rossa rivendica gli ideali marxisti per un mondo giusto ed eguale. In maggio il governo francese decide di reprimere sanguinosamente la Comune parigina, i comunardi resistono ma sono battuti e massacrati, il generale Mac Mahon in dieci giorni uccide trentamila persone, i libri di storia occidentali non lo ricordano, ricordano invece i morti della Rivoluzione francese, che sono stati diecimila in dieci anni e parlano di Terrore giacobino, solo perché i giacobini volevano togliere il potere alla borghesia, obiettivi che concretamente cercavano di perseguire abolendo la schiavitù e creando il suffragio universale anche per le donne, gli ex schiavi, i nullatenenti e gli analfabeti, per i quali prevedeva campagne di alfabetizzazione. Marx scrive "La guerra civile in Francia" in cui esalta la Comune di Parigi come primo esperimento di "governo proletario" e grande bandiera del comunismo rivoluzionario, così spiega: "*Parigi operaia, con la sua Comune, sarà celebrata in eterno come l'araldo glorioso di una nuova società. I suoi martiri hanno per urna il grande cuore della classe operaia. i suoi sterminatori la storia li ha già inchiodati a una gogna eterna.*" Più del "Manifesto" e più de "Il Capitale", più degli stessi atti di indirizzo dell'Associazione Internazionale dei Lavoratori, è "La guerra civile in Francia" del 1871 l'opera più diffusa e che più ha dato notorietà, in vita, a Karl Marx. Certo ha contribuito anche a diffondere tra i reazionari la convinzione che lui fosse il propugnatore di una cospirazione comunista internazionale, ma gli ha regalato quei riconoscimenti prima inaspettati. Le parole che si leggono in tutto questo appassionato e appassionante libro sono un veemente e deciso richiamo all'eroicità rivoluzionaria, alla praticabilità, dopo la stagione giacobina di fine '700 dell'uguaglianza. Vale la pena rileggere alcuni brani, l'incipit è come sempre un misto di ironia e presentimento del futuro: "*All'alba del 18 marzo, Parigi fu svegliata da un fragore di tuono: Vive le Commune! Che cos'è dunque la Comune, questa sfinge che tormenta così seriamente lo spirito dei borghesi?... "I proletari di Parigi – diceva il Comitato centrale nel suo manifesto del 18 marzo – in mezzo alle disfatte e ai tradimenti delle classi dominanti hanno compreso che è suonata l'ora per essi di salvare la situazione prendendo nelle loro mani la direzione degli affari pubblici... Il proletariato... ha capito che era suo dovere imperioso e suo diritto assoluto prendere nelle sue mani il proprio destino, e di assicurarsene il trionfo impadronendosi del potere*". La Comune è composta da donne uomini che "*lavorano, pensano, combattono, danno il proprio sangue, quasi dimenticando, nella gestazione di una società nuova, raggianti nell'entusiasmo della sua iniziativa storica, che i cannibali erano alle porte*". Nonostante il suo tragico esito la classe lavoratrice della Comune "*pienamente cosciente della sua missione storica e con l'eroica decisione di agire in tal senso, può permettersi di sorridere alle grossolane invettive dei signori della penna e dell'inchiostro, servi senza aggettivi, e della pedantesca protezione dei dottrinari borghesi di buoni propositi che diffondono la loro insipida ignoranza e le loro ostinate idee fisse col tono oracolare dell'infallibilità scientifica.*" Infatti "*quando la Comune di Parigi prese nelle sue mani la direzione della rivoluzione, quando semplici operai, per la prima volta, osarono infrangere il privilegio governativo dei loro "superiori naturali", i possidenti, e in circostanze di estrema difficoltà, compirono la loro opera umilmente, con coscienza ed efficacia, il vecchio mondo si contorse in paurose convulsioni di rabbia alla vista della bandiera rossa, simbolo della Repubblica del lavoro, sventolante sull'Hótel de Ville a Parigi.*"

La paurosa e tremenda repressione del proletariato convince molti dirigenti socialdemocratici europei a intraprendere la svolta gradualista che si concretizzerà con la nascita della Seconda Internazionale nel 1889. La commemorazione del primo anniversario della Comune a Londra il 18 marzo 1872 vede partecipare un esiguo gruppo di esuli e una manciata di intellettuali e proletari inglesi, Marx ne resta sconfortato, ma capisce come il violento soffocamento di quella esperienza spalanchi la strada ai socialdemocratici. Solo il tradimento dei lavoratori da parte della socialdemocrazia con la scelta di mettersi al carro dei poteri borghesi e aristocratici, sostenendo l'entrata nella prima guerra mondiale e poi l'avvento dell'Ottobre sovietico, scardineranno e vinceranno la paura di "fare come la Comune", spalancando per l'umanità l'opportunità di vedere nascere per la prima volta stati in cui gli operai e i contadini diventavano protagonisti e artefici del loro futuro. Marx vince a l'Aia contro gli anarchici nel quinto congresso del 1872, ma si vede costretto a trasferire la Prima Internazionale a New York, dove di fatto si esaurisce il ruolo dell'Associazione Internazionale dei Lavoratori, con lo scioglimento del 1876.

Le condizioni di salute di Marx e di sua moglie peggiorano, intanto l'Associazione Generale degli Operai Tedeschi e il Partito Socialdemocratico dei Lavoratori danno vita nel maggio 1875 al Congresso di Gotha, in cui nasce il Partito Operaio Socialdemocratico Tedesco. Marx dissente dalla sua linea politica e sintetizza la sua posizione nella "Critica al programma di Gotha", da un lato contestando la scelta compromissoria con lo stato borghese, dall'altro respingendo l'idea di una remunerazione dei lavoratori fondata sulle capacità produttive invece che sui loro bisogni.

Nella prefazione alla seconda edizione in lingua russa del "Manifesto del Partito Comunista" nel gennaio 1882, Marx teorizza la possibilità di una rivoluzione russa, a partire dall'obščina, la comunità rurale, "*forma dell'antichissima proprietà comune della terra*", immaginando che forse potesse "*passare direttamente a una più alta forma comunistica di possesso collettivo della terra*". Per altro già in una serie di lettere a Vera Zasulič nel 1881 teorizzava questa possibilità. È evidente che lo sviluppo industriale successivo, quello che verrà distrutto dalla guerra civile immediatamente successiva alla Rivoluzione d'Ottobre, e che si realizza tra gli ultimi due decenni del XIX secolo e l'inizio del XX secolo, voluto e promosso dal potere zarista con incarichi e compiti mirati, affidati all'aristocrazia e all'esercito, cambia in parte lo scenario sociale, politico ed economico russo con la formazione contestuale da un lato di un'industria di stato e dall'altro con la nascita del proletariato urbano, tuttavia Marx, paventando i rischi di uno scontro tra Russia zarista e Germania prussiana, ha a più riprese sostenuto che tale scontro avrebbe portato alla "*inevitabile rivoluzione sociale russa*". Marx quindi aveva intuito che, a prescindere dalla presenza di una rilevante presenza operaia in Russia il comunitarismo contadino e il bestiale livello di oppressione del sistema zarista ponevano con evidenza le condizioni per una possibile svolta rivoluzionaria.

Il 2 dicembre 1881 muore la moglie Jenny e Marx ne resta profondamente provato, i soggiorni in Francia dai nipoti avuti dalla primogenita Jenny, sposata con il comunardo Charles Longuet lo allietano moderatamente, anche per la precarietà della salute. Quando a tutti i malanni pregressi si sommano una bronchite e un'ulcera polmonare la situazione diventa irreparabile e il 14 marzo 1883 si spegne.

Sepolto nel cimitero londinese di Highgate, dove ancora riposa, il 17 marzo, all'ultimo commiato partecipano un gruppo di compagni e di parenti. È Engels a prendere la parola e così conclude il suo discorso: "*I governi, assoluti e repubblicani, lo espulsero, i borghesi, conservatori e democratici radicali, lo coprirono a gara di calunnie. Egli sdegnò tutte queste miserie, non prestò loro nessuna attenzione, e non rispose se non in caso di estrema necessità. È morto venerato, amato, rimpianto da milioni di compagni di lavoro rivoluzionari in Europa e in America, dalle miniere siberiane sino alla California. E posso aggiungere senza timore: poteva avere molti avversari, ma nessun nemico personale. Il suo nome vivrà nei secoli, e così la sua opera!*".

Marx non ha rivendicato per sé il ruolo di ideatore o propugnatore di un metodo universale, piuttosto quello di aver forgiato una teoria analitica che partendo dal concreto dato economico e dalle relazioni economiche e di classe, procedesse speditamente verso la formulazione di richieste e di rivendicazioni chiare ed esplicite, capaci di mobilitare le masse proletarie. Le istanze radicali del suo pensiero sono divenute la base per l'elaborazione teorica e organizzativa del movimento socialista del XX secolo, il quale, con l'avvento dello stato sovietico, ha visto scardinare le logiche del potere e dello sfruttamento imposte dalla borghesia con la Restaurazione e ha innescato la richiesta di emancipazione dall'oppressione e dallo sfruttamento dell'uomo sull'uomo, più forte dell'individualismo aggressivo ed egoistico del sistema capitalistico – consumista. Sul finire degli anni '70 del Novecento l'orientamento marxista è stato scelto da un terzo delle nazioni dell'umanità, oggi è mantenuto da una dozzina abbondante di nazioni che, anche in forma creativamente moderna, si pensi al socialismo bolivariano di matrice latinoamericana, ne mostrano la straordinaria vitalità. Per altro socialista e guidato da un Partito Comunista è il primo paese al mondo per capacità economica e produttiva, per numero di abitanti, ben un miliardo e trecento milioni, e a breve il primo per capacità strategica e militare: la Cina Popolare, nata il 1° ottobre 1949 per volontà di Mao Ze Dong, Den Xiaoping e capace di proseguire nel solco allora tracciato grazie a presidenti come l'attuale Xi Jinping, così come in Asia lo sono ancora, in modi diversi, Laos, Vietnam e Repubblica Democratica Popolare di Corea.

MARX E LE LEGGI ECONOMICHE UNIVERSALI

"Vincerà e conserverà il potere solo chi ha fiducia nel popolo, chi affonda le radici nella viva forza creatrice del popolo."

VLADIMIR LENIN
"Stato e Rivoluzione"

Il pirata Jean Lafitte, incanutito nei suoi sessantacinque anni, arriva in Europa sbarcando a Bordeaux nel 1847 e si accorge sconcertato di quanto il capitalismo sia peggiore pure della schiavitù, relegando alle macchine gli esseri umani e sfruttandoli per dodici e più ore al giorno, costringendoli a condizioni di vita più miserevoli di quelle degli schiavi delle piantagioni americane. Arrivato a Bruxelles conosce i due comunisti Marx ed Engels e tra loro nasce una grande amicizia. Il vecchio pirata innamorato dell'eguaglianza e i due giovani ed esuberanti filosofi ed economisti condividono molti ideali e Lafitte li aiuterà economicamente e contribuirà alla pubblicazione del "Manifesto del Partito Comunista", quella che sarà nel secolo successivo la più celebre opera dei due rivoluzionari.

Nel "Manifesto del Partito Comunista" Marx ed Engels ribadiscono la necessità dell'abolizione della proprietà, indispensabile per l'affermazione del socialismo e la costruzione delle premesse per l'avvento del comunismo. La riflessione di Marx abbraccia intuitivamente quella che sarà l'opera successiva degli studi antropologici del Novecento. La famiglia, messa a baluardo della proprietà, deve essere abolita perché essa è l'origine di tutti i mali ed è lì che si annida, tragicamente, l'elaborazione basilare del concetto di proprietà sulle cose e sulle persone, è lì che si instilla miseramente e maleficamente nelle persone, fin da bambini, il concetto possessivo di "mio" e si rifugge dall'idea dei beni come proprietà comune dell'umanità. Marx ed Engels capiscono benissimo che l'uomo è vissuto per secoli in modo comunitario e che la degenerazione è iniziata quando gli esseri umani si sono divisi iniziando a esercitare il concetto di possesso e di proprietà sui luoghi, sugli animali e sulle persone. Tutto questo ha portato a una stratificazione sociale in cui il potere dei possidenti si è consolidato attraverso lo sviluppo degli apparati repressivi, dall'esercito alle religioni, che hanno piegato la naturale dimensione spirituale dell'uomo agli interessi pratici dei possessori della proprietà. La famiglia quindi, massimamente nella sua ipocrita e venale versione borghese, è uno dei più rilevanti ostacoli, insieme all'organizzazione del lavoro in senso capitalistico, per l'avvento prima del socialismo e in seguito del comunismo. Per un marxista la libertà è la conoscenza della realtà e delle necessità materiali e la lotta per la loro soddisfazione in un quadro di costruzione dell'eguaglianza tra tutti gli esseri umani, il lavoro deve quindi essere un atto libero, non un atto imposto.

Marx nella "Critica del Programma di Gotha" ricorda che "*il lavoro non è la fonte di ogni ricchezza. La natura è la fonte dei valori d'uso altrettanto quanto il lavoro, che a sua volta è soltanto la manifestazione di una forza naturale, la forza-lavoro umana. Il lavoro dell'uomo diventa fonte di valori d'uso, e quindi anche di ricchezza, in quanto l'uomo è fin dal principio in rapporto, come proprietario, con la natura, fonte di tutti i mezzi e oggetti di lavoro, e la tratta come cosa che gli appartiene.*" Ne scaturisce la prima Legge Economica Universale, ovvero la natura eroga quantità gigantesche di valori d'uso, di ricchezze materiali che gli esseri umani possono utilizzare in forme assai variabili tramite il proprio lavoro sociale, ma pure consumare direttamente, come nel caso dell'aria che respiriamo. Già nei "Manoscritti economici-filosofici" del 1844, Marx ha scritto che "*l'operaio non può produrre nulla senza la natura, senza il mondo esterno sensibile*", tanto che nel quinto capitolo del primo libro del "Capitale" la terra e l'acqua sono state correttamente considerate quali "*oggetti generali del lavoro umano*".

La seconda Legge Economica Universale riguarda il carattere del lavoro umano sia per il processo di riproduzione dei beni di consumo, quanto per la realizzazione e conservazione dei mezzi di produzione che si consumano integralmente o soltanto si logorano nel loro utilizzo. Nelle prime pagine del "Capitale" infatti si legge: "*il lavoro, come formatore di valori d'uso, come lavoro utile, è una condizione d'esistenza dell'uomo indipendente da tutte le forme della società, è una necessità eterna della natura che ha la funzione di mediare il ricambio organico fra uomo e natura, cioè la vita degli uomini.*" Riprendendo ancora il concetto nel capitolo quinto: "*il lavoro è un processo che si svolge tra l'uomo e la natura nel quale l'uomo, per mezzo della propria azione, media, regola e controlla il ricambio organico fra se stesso e la natura: contrappone se stesso, quale una fra le potenze della natura, alla materialità della natura. Egli mette in moto le forze naturali appartenenti alla sua corporeità, braccia e gambe, mani e testa, per appropriarsi dei materiali della natura in forma usabile per la propria vita. Operando mediante tale moto sulla natura fuori di sé e cambiandola, egli cambia allo stesso tempo la natura sua propria. Sviluppa le facoltà che in questa sono assopite e assoggetta il gioco delle loro forze al proprio potere. ... il processo lavorativo, come l'abbiamo esposto nei suoi movimenti semplici e astratti, è attività finalistica per la produzione di valori d'uso, appropriazione degli elementi naturali per i bisogni umani; condizione generale del ricambio organico fra uomo e natura, condizione naturale eterna della vita umana; quindi è indipendente da ogni forma di tale vita, e anzi è comune egualmente a tutte le forme di società della vita umana.*"

Scrivendo all'amico medico Ludwig Kugelmann nel 1868, Marx ribadisce che "*Le leggi di natura non possono mai essere annullate. Ciò che può mutare in condizioni storiche diverse non è che la forma in cui questa distribuzione proporzionale del lavoro si afferma*". È qui che vi è spazio, in un ripensato rapporto con la natura, ad una differente organizzazione delle produzione, in cui l'agire dell'uomo è orientato al benessere collettivo e alla crescita complessiva della società e di ciascun singolo membro perché non solo i mezzi di produzione, ma soprattutto l'orientamento generale della produzione stessa e le sue finalità sono individuate nel benessere collettivo e diffuso dei cittadini. Dopo l'esperienza di matrice sovietica che al di là del suo esito ha mostrato evidenti criticità e non è più proponibile nel XXI secolo, le scelte operate da Deng Xiaoping in Cina hanno con tutta evidenza dimostrato che il socialismo non può accontentarsi di socializzare il poco che si produce, ma deve tendere, marxianamente, allo sviluppo delle forze produttive, ovvero deve mirare ad accrescere il tenore di vita di ciascun cittadino, nello stesso tempo in cui si prefigge e si impegna ad assicurare il pieno accesso ai diritti sociali, casa, scuola, lavoro, salute, cultura, assistenza nella vecchiaia per tutti i cittadini, nessuno escluso. Tale scelta – come dimostra egregiamente la Cina Popolare di oggi – deve attuarsi attraverso lo sviluppo delle forze produttive, ma sotto il controllo del Partito Comunista e quindi dello stato, solo così si potrà restare emancipati dal controllo e dalla pressione degli interessi privati e delle lobby. Valga un esempio concreto. Nelle società capitaliste e consumiste la pressione delle lobby impedisce il passaggio massiccio alla produzione di autovetture elettriche e ibride, i petrolieri, come evidente non vogliono. Nella Repubblica Popolare di Cina al contrario, quando il Partito ha preso la decisione in questo senso nel 2013, tutta l'attività produttiva ha iniziato a essere convertita nella direzione prefissata.

La terza Legge Economica Universale riguarda il processo costante e necessario di trasformazione di una sezione variabile del lavoro umano (causa) in mezzi materiali di produzione (effetto), e cioè il processo di trasformazione di una parte del lavoro vivo in strumenti produttivi e materie prime lavorate quale risultato del "lavoro di ieri" con una ricaduta sullo stesso processo d'impiego del lavoro "di oggi". In apertura del "Grundrisse" Marx scrive: "*nessuna produzione è possibile senza uno strumento di produzione, anche se tale strumento fossero soltanto le mani. Nessuna è possibile senza lavoro passato, accumulato, anche se tale lavoro fosse soltanto la destrezza che attraverso l'esercizio ripetuto si è accumulata e concentrata nella mano dell'aborigeno.*" Dai tempi delle pietre scheggiate del neolitico, l'uomo si è dedicato alla trasformazione tecnologica della natura. Tale insegnamento ci dovrebbe emancipare dalle battaglie di retroguardia anti – tecnologiche. In una parte della sinistra, invero poco marxista, si attribuiscono alla robotizzazione e alle conquiste scientifiche una delle responsabilità della disoccupazione nelle società capitalistico – consumistiche, in realtà, ancora una volta, si compie un evidente errore, non comprendendo che non sono le innovazioni e le scoperte a creare la disoccupazione, ma l'organizzazione sociale fondata sul capitalismo liberista e la massimizzazione dei profitti per pochi a danno di tutti gli altri. Innovazioni e scoperte sono una garanzia del miglioramento di vita per tutta l'umanità, a patto che i criteri della convivenza planetaria siano orientati all'eguaglianza e alla piena affermazione di ciascuno, ovvero al socialismo. Parallelamente nella società occidentale insieme a questa sostanzialmente demenziale battaglia di retroguardia, si muove, spesso negli stessi ambienti culturali della prima, una simmetrica e opposta aberrazione teorica, quella delle straordinarie e generalizzate prospettive dell'ipertecnologizzazione e del miracoloso sviluppo delle intelligenze artificiali. I propugnatori di tali teorie immaginano un mondo perennemente connesso e intelligente, in cui il tocco di un polpastrello umano su qualche dispositivo permetterà di muovere la lavatrice, votare (ovviamente solo un partito funzionale al sistema capitalistico!), far andare da sola l'automobile a fare la spesa e sistemare il satellite privato che ci regalerà su un poderoso megaschermo domestico l'ultimo orrendo film imposto dalle multinazionali della comunicazione capitalistico – consumista. Tale assurda teoria non solo frana di fronte all'eccessivo e poco scientifico fantasticare oltre le reali possibilità tecnologiche, ma soprattutto pensa che il mondo inizi e finisca con l'Occidente che, depredando ancora oggi seppur con qualche difficoltà le materie prime energetiche e alimentari del resto del mondo, garantisce consumi, prima di tutto elettrici, insostenibili per il pianeta – che è un sistema finito – e soprattutto del tutto inimmaginabili per quelli che nel giro di una manciata di anni saranno nove miliardi di esseri umani. Se il capitalismo tende a garantire un miliardo di persone contro tutte le altre, creando ovviamente anche all'interno di questo miliardo i ricchi, i poveri e gli indigenti, compito del socialismo, ovvero di una radicale alternativa fondata sul pensiero marxista, dovrebbe essere partire dalla consapevole necessità di garantire in ogni parte della terra l'accesso all'acqua, fonte di igiene e quindi di vita, e a un minimo di energia che garantisca il funzionamento di un frigorifero e di un computer. Ai simpatici occidentali, che si scagliano contro la robotizzazione nello stesso tempo in cui fantasticano di intelligenze artificiali, quasi sempre sfugge, in maniera clamorosa e assoluta, che al momento almeno la metà dell'umanità non ha una lampadina in casa e cammina chilometri per un secchio d'acqua.

La quarta Legge Economica Universale constata la dipendenza del consumo umano, inteso nel senso più ampio sia sociale che individuale, sia dai beni di consumo che dai mezzi di produzione, e come questi necessitino di un preventivo processo di produzione, fatti salvi i valori d'uso erogati gratuitamente dalla natura e consumati senza alcun intervento lavorativo. Il processo di produzione costituisce la precondizione indispensabile per il processo di consumo, che tuttavia a sua volta retroagisce sul primo modificandone le forme produttive con la trasformazione dei bisogni umani e consentendo la riproduzione allargata sia della specie che dei mezzi di produzione consumati. Specifica Marx negli appunti per il "Grundrisse": "*la produzione produce gli oggetti corrispondenti ai bisogni; la distribuzione li ripartisce secondo leggi sociali, lo scambio ridistribuisce il già distribuito secondo il bisogno individuale, nel consumo, infine, il prodotto esce fuori da questo movimento sociale, diviene direttamente oggetto e servitore del bisogno individuale e lo soddisfa nel godimento. In tal modo la produzione si presenta come punto di partenza, il consumo come punto finale, la distribuzione e lo scambio come il punto intermedio. La produzione è determinata da leggi di natura universali; la distribuzione è determinata dalla contingenza sociale ed essa può pertanto agire in senso più o meno favorevole alla produzione, lo scambio si situa tra entrambe come movimento sociale formale. L'atto finale del consumo è inteso non solo come termine finale ma anche come scopo finale.*" Una riflessione accurata su tale Legge Economica Universale, liberatasi delle paure e dei vincoli relativi alla creazione passiva del consenso e alla conseguente immobilità rispetto all'innovazione e alla mobilità sociale, avrebbe permesso alle società socialiste di modello sovietico di evitare la sclerosi economica che poi si è riverberata, catastroficamente, anche per la parallela aggressione culturale della Guerra Fredda, nel tracollo del consenso e nell'esaurirsi di quelle esperienze. Tutt'altro approccio è stato percorso dalla Cina sotto la geniale direzione di Deng Xiaoping, il quale nel solco di tale Legge Economica Universale individuata da Karl Marx ha promosso un poderoso sviluppo delle forze produttive, un conseguente accrescimento del tenore di vita dei cinesi e un deciso allargamento e consolidamento del consenso rispetto all'esperienza socialista.

Nelle prime pagine del "Capitale" Marx parla di "*forza produttiva del lavoro determinata da molteplici circostanze, e fra le altre, dal grado medio di abilità dell'operaio, dal grado di sviluppo e della applicabilità tecnologica della scienza, dalla combinazione sociale del processo di produzione, dall'entità e dalla capacità operativa dei mezzi di produzione e da situazioni naturali*." Tale produttività del lavoro ha una valenza sociale nel momento in cui consenta ai produttori diretti di produrre più di quanto è necessario per la loro sopravvivenza, così da poterne trasferire l'eccedenza ad altri. Non a caso nelle Teorie sul pluslavoro Marx ha sottolineato che "*se il grado di sviluppo della produttività del lavoro fosse così limitato che il tempo di lavoro di un uomo bastasse unicamente a mantenere lui stesso in vita, a produrre e riprodurre i suoi propri mezzi di sussistenza, non ci sarebbe né pluslavoro né plusvalore*." Ovviamente senza pluslavoro e plusvalore non ci sarebbe plusprodotto e i marxisti conseguenti si attengono a quanto affermato nella "Critica del Programma di Gotha", in cui riprendendo il "Manifesto del Partito Comunista" si ripete come nella società socialista si avrà "*da ciascuno secondo le sue possibilità*" e si darà "*a ciascuno secondo i suoi bisogni*", ma ovviamente questo è possibile solo se "*le forze produttive e tutte le sorgenti della ricchezza collettiva scorreranno in tutta la loro pienezza*." Ovvero, la ridistribuzione socialista deve affermare e garantire l'eguaglianza, ma in nessun modo e per nessuna ragione deve svilire la capacità produttiva e il suo positivo dispiegarsi. Anche in questo caso la differenza tra il modello sovietico e quello denghista è radicale e immediatamente percepibile.

Con profonda sensibilità antropologica, nell'ultimo capitolo della prima sezione del primo libro de "Il Capitale", intitolato "Il carattere di feticcio della merce e il suo arcano", Marx non solo coglie il valore sociale e relazione delle merci, ma inizia una riflessione sul valore che alle stesse l'uomo dà, mutando di fatto il valore d'uso della merce stessa: "*A prima vista, una merce sembra una cosa triviale, ovvia. Dalla sua analisi, risulta che è una cosa imbrogliatissima, piena di sottigliezza metafisica e di capricci teologici. Finché è valore d'uso, non c'è nulla di misterioso in essa, sia che la si consideri dal punto di vista che soddisfa, con le sue qualità, bisogni umani, sia che riceva tali qualità soltanto come prodotto di lavoro umano. È chiaro come la luce del sole che l'uomo con la sua attività cambia in maniera utile a se stesso le forme dei materiali naturali*." Marx fa quindi l'esempio del legno che diventa tavolo e "*si trasforma in una cosa sensibilmente sovrasensibile*", acquisendo un "*carattere mistico*" in cui la merce si trasforma oltrepassando il suo valore d'uso. Marx presta profonda attenzione alla dinamica sociale e relazionale: "*Appena gli uomini lavorano in una qualsiasi maniera l'uno per l'altro, il loro lavoro riceve anche una forma sociale. Di dove sorge dunque il carattere enigmatico del prodotto di lavoro appena assume forma di merce? Evidentemente, proprio da tale forma. L'eguaglianza dei lavori umani riceve la forma reale di eguale oggettività di valore dei prodotti del lavoro, la misura del dispendio di forza-lavoro umana mediante la sua durata temporale riceve la forma di grandezza di valore dei prodotti del lavoro, ed infine i rapporti fra i produttori, nei quali si attuano quelle determinazioni sociali dei loro lavori, ricevono la forma d'un rapporto sociale dei prodotti del lavoro. ... L'arcano della forma di merce consiste dunque semplicemente nel fatto che tale forma rimanda agli uomini come uno specchio i caratteri sociali del loro proprio lavoro trasformati in caratteri oggettivi dei prodotti di quel lavoro, in proprietà sociali naturali di quelle cose, e quindi rispecchia anche il rapporto sociale fra produttori e lavoro complessivo come un rapporto sociale di oggetti, avente esistenza al di fuori dei prodotti stessi.*" Marx è consapevole dello scambio tra merci dal valore diverso, ma intuisce che nel sistema capitalistico il valore attribuito agli oggetti trascende gli oggetti stessi e il loro valore d'uso, sovrapponendovi un valore culturale che diventa quello che definisce come "*geroglifico sociale*": "*Gli uomini equiparano l'un con l'altro i loro differenti lavori come lavoro umano, equiparando l'uno con l'altro, come valori, nello scambio, i loro prodotti eterogenei. Non sanno di far ciò, ma lo fanno. Quindi il valore non porta scritto in fronte quel che è. Anzi, il valore trasforma ogni prodotto di lavoro in un geroglifico sociale. In seguito, gli uomini cercano di decifrare il senso del geroglifico, cercano di penetrare l'arcano del loro proprio prodotto sociale, poiché la determinazione degli oggetti d'uso come valori è loro prodotto sociale quanto il linguaggio.*" In questo modo, dice Marx: "*i prodotti del lavoro diventano merci, cose sensibilmente sovrasensibili, cioè cose sociali. Proprio come l'impressione luminosa di una cosa sul nervo ottico non si presenta come stimolo soggettivo del nervo ottico stesso, ma quale forma oggettiva di una cosa al di fuori dell'occhio. Ma nel fenomeno della vista si ha realmente la proiezione di luce da una cosa, l'oggetto esterno, su un'altra cosa, l'occhio: è un rapporto fisico fra cose fisiche. Invece la forma di merce e il rapporto di valore dei prodotti di lavoro nel quale essa si presenta non ha assolutamente nulla a che fare con la loro natura fisica e con le relazioni fra cosa e cosa che ne derivano. Quel che qui assume per gli uomini la forma fantasmagorica di un rapporto fra cose è soltanto il rapporto sociale determinato fra gli uomini stessi.*" L'uomo insomma attribuisce un valore feticistico e mitico all'oggetto – fantasmagorico dice Marx – accrescendone e mutandone il valore, il capitalismo consumista compirà il passaggio definitivo con la creazione del valore simbolico degli oggetti, strettamente correlato con l'innalzamento dei consumi a ideologia religiosa, capace di offrire l'aberrante estasi di poter possedere, o aspirare a possedere, quanto si adora, ovvero gli oggetti feticisticamente trasposti in oggetti di culto e propagandati dalle mode.

In Marx e più in generale nel socialismo, lo sviluppo delle forze produttive è inteso a soddisfare i bisogni dei cittadini. In quanto tale quindi è estraneo alla speculazione finanziaria, alla produzioni di merci con la sola finalità di massimizzazione dei profitti, alla bestiale e pazzesca riduzione del cibo a merce, così che ogni giorno nei sistemi capitalistico – consumistici assistiamo allo spreco di milioni di derrate alimentari, mentre milioni e milioni di persone muoiono di fame. È il capitalismo che getta i prodotti alimentari appena colti per alzarne il prezzo, è il capitalismo che ne disperde un terzo nel trasporto, spesso scriteriato, ma funzionale al profitto privato, è il capitalismo che sovraintende allo spreco e alla riduzione a immondizia di metà del cibo tra vendita e consumi domestici. Tutto questo è estraneo al marxismo, così come il grande Marx non avrebbe potuto immaginare né la degenerazione finanziaria del sistema capitalistico, né l'invenzione del valore simbolico degli oggetti, che modifica radicalmente il valore degli stessi nel contesto capitalista, così che la stessa borsa, prodotta dagli stessi operai che ricevano lo stesso salario, ha un prezzo se venduta sulla strada da cittadini non occidentali, un altro prezzo, più alto, se venduta nei mercati e nei grandi magazzini, per averne in fine uno ancora più alto quando è venduta presso un negozio di lusso del centro storico di una città occidentale. Il valore simbolico di un oggetto, creato con il concorso massiccio dei mezzi di informazione e della pubblicità, genera il volano della soddisfazione personale del cittadino ridotto ad acquirente passivo, o peggio a pubblicitario che paga per il proprio lavoro invece di essere pagato, con milioni di cittadini occidentali che indossano occhiali, magliette e quant'altro in cui si possono chiaramente individuare i marchi dei produttori. Il cittadino è indotto a credere di "essere alla moda", mentre rappresenta soltanto un utile idiota che accetta di pagare di tasca sua per trasformare se stesso in un veicolo pubblicitario del capitalismo, un uomo che si autoriduce a miserevole oggetto pubblicitario, per di più felice e consenziente. Tutto ciò, è evidente, è frutto della raffinata strategia del capitale, ma non poteva essere immaginato da Karl Marx che, nel cuore delle contraddizioni del XIX secolo viveva e analizzava i problemi sollevati dalla violenza del suo tempo. Stupisce piuttosto che così poca attenzione venga prestata nel nostro tempo presente a tale drammatica violenza psicologica perpetrata quotidianamente dal capitale e ci induce a riflettere su quanto sia lungo il cammino che siamo chiamati a percorrere per realizzare quanto riaffermato con forza da Marx nella "Critica del Programma di Gotha": "*In una fase più elevata della società comunista, dopo che è scomparsa la subordinazione servile degli individui alla divisione del lavoro, e quindi anche il contrasto fra lavoro intellettuale e fisico; dopo che il lavoro non è diventato soltanto mezzo di vita, ma anche il primo bisogno della vita; dopo che con lo sviluppo onnilaterale degli individui sono cresciute anche le forze produttive e tutte le sorgenti della ricchezza collettiva scorrono in tutta la loro pienezza, – solo allora l'angusto orizzonte giuridico borghese può essere superato, e la società può scrivere sulle sue bandiere: Ognuno secondo le sue capacità; a ognuno secondo i suoi bisogni!*"

Nel capitolo 50 del terzo libro del "Capitale" Marx scrive: "*se riconduciamo il salario alla sua base generale, precisamente a quella parte del prodotto di lavoro dell'operaio che passa nel suo consumo individuale; se liberiamo questa parte dai limiti capitalistici e la estendiamo al volume del consumo consentito da un lato dalla forza produttiva esistente della società e richiesto d'altro lato dal pieno sviluppo della personalità; se riduciamo inoltre il pluslavoro e il plusprodotto alla misura che è richiesta, nelle date condizioni di produzione della società, da un lato per la costituzione di un fondo di assicurazione e di riserva, dall'altro per l'allargamento continuo della riproduzione nella misura determinata dai bisogni sociali; se comprendiamo infine nel lavoro necessario e nel pluslavoro, la quantità di lavoro che i membri della società in grado di lavorare devono sempre effettuare per coloro che non possono ancora o non possono più lavorare, in altre parole, se spogliamo sia il salario che il plusvalore, sia il lavoro necessario che il pluslavoro, del loro specifico carattere capitalistico, non abbiamo più queste forme, ma semplicemente i loro fondamenti che sono comuni a tutti i modi di produzione sociali.*"

La piena consapevolezza delle Leggi Economiche Universali porta alla formulazione delle leggi storicamente determinate delle singole e diverse "società di classe". Per l'edificazione socialista è necessario quindi, marxianamente, "*l'allargamento continuo della riproduzione nella misura determinata dai bisogni sociali*", questo il denghismo lo ha capito benissimo e tutti coloro che operano per una società fondata sull'eguaglianza e l'affermazione del socialismo nel XXI secolo lo sanno e ne sono consapevoli.

"IL CAPITALE", LA TEORIA DI UNA SOCIETÀ SOCIALISTA

"Il marxismo non è un dogma morto, non è una dottrina compiuta, bell'e pronta, immutabile, ma una guida viva per l'azione."

LENIN
"Lo sviluppo storico del marxismo"

Fin dagli inizi della scrittura de "Il Capitale", la cui elaborazione non può certo essere ricondotta al solo 1866, ma è il risultato di un percorso intellettuale di lunga durata, che abbraccia tutta l'attività di studio e di scrittura di Karl Marx, dalla prima giovinezza agli ultimi anni, risulta evidente che l'obiettivo, il senso e il fine della critica marxiana dell'economia politica è dimostrare che, percorsa per intero la strada dell'emancipazione dei lavoratori dallo sfruttamento capitalista, sia possibile costruire una società maggiormente giusta ed equa, una società socialista.

Ne "Il Capitale" Marx abbatte la favola apologetica dell'ordine capitalista, spiegando come l'asservimento dei lavoratori sia il frutto di una costante e deliberata azione di esclusione e sottomissione dei lavoratori, dal tardo Medioevo sino ai prodromi della rivoluzione industriale, attraverso l'allevamento e l'agricoltura estensive. Sono queste trasformazioni che propiziano alla società industriale di fine XVIII, inizio XIX secolo gli elementi fondanti per il suo sviluppo, ovvero un proletariato senza terra e ben disponibile, per sopravvivere, a mettere a disposizione quello che gli rimaneva, la sua forza lavoro.

La classe capitalista si era formata attraverso l'espropriazione delle popolazioni rurali e la conseguente concentrazione della proprietà fondiaria, accompagnata dalla trasformazione progressiva del lavoro agricolo in lavoro salariato con una intensificazione delle prestazioni e delle produzioni che ha creato le condizioni della rivoluzione industriale, con il passaggio dalla manifattura all'industria meccanica. Come ricorda Marx i produttori rurali entrano nell'economia mercantile, di più, venendo a patti con il potere feudale aristocratico e clericale, creano la nuova borghesia che alimenta la sua ricchezza non solo grazie allo sfruttamento delle nuove classi sociali più deboli, i contadini a cottimo e gli operai salariati, ma si avvale di una sempre più fitta rete di commercio interno e internazionale. Piano piano la ricchezza accumulata nei secoli dall'aristocrazia e dell'alto clero è erosa e passa di mano alla nascente borghesia che, offrendo prodotti alimentari e di consumo, assorbe quella liquidità che la porterà, anche nel clima della Restaurazione ottocentesca, a essere il nuovo e determinante soggetto sociale e ad avere tutti gli strumenti per aumentare i profitti stritolando i lavoratori in un coacervo di sfruttamento e miseria mai visto prima nella storia dell'umanità. La destrutturazione dei saperi artigianali a tutto vantaggio del meccanicismo del lavoro di fabbrica è uno dei modi con i quali la borghesia costruisce al contempo la povertà, la fame e l'alienazione della classe lavoratrice del XIX secolo, non a caso quello in cui le condizioni di vita degli europei sono state le più dure e drammatiche. È il processo di trasformazione dal modo di produzione feudale a quello capitalistico, che necessita, con ancor maggiore intensità, del saccheggio delle ricchezze e dell'estorsione del lavoro non pagato delle donne e degli uomini di Asia, Africa e America Latina, la pratica del colonialismo nei primi due continenti e del neo-colonialismo dopo indipendenze fittizie nel terzo, saranno nell'Ottocento la base necessaria per l'accumulazione del capitale commerciale e industriale nell'Europa dell'epoca. Per supportare questo sforzo capitalistico, gli stati ottocenteschi, frutto del compromesso tra le declinanti aristocrazie e le ascendenti borghesie fondano le banche nazionali di stato con potere assoluto di controllo sulla moneta, ma anche di vigorosa implementazione della sua circolazione. Le banche centrali nascono in Europa come strumento di tutela delle classi privilegiate contro i lavoratori, ma due secoli dopo, con l'allargamento della partecipazione popolare e le conquiste sociali socialdemocratiche, saranno costrette ad abdicare, sottomettendosi agli interessi del capitalismo speculativo multinazionale che inventerà il sistema della Banca Centrale Europea e degli organi sovranazionali come il Fondo Monetario Internazionale e l'Organizzazione Mondiale del Commercio per abbattere la sovranità nazionale dei singoli stati e impedire scelte economiche nazionali che siano in contrasto con la massimizzazione dei profitti delle multinazionali e la generalizzata riduzione dei diritti dei cittadini. Alla stessa maniera i dazi e i monopoli, che erano nati a vantaggio della borghesia, vengono abbattuti quando la ricaduta poteva essere a vantaggio di tutti i lavoratori e in contrasto con gli interessi globalizzati di una massimizzazione dei profitti realizzata con la globalizzazione e l'esternalizzazione in paesi a basso costo della produzione manifatturiera.

Per spiegare tutto questo, nel primo libro de "Il Capitale", Marx cita il poeta francese suo contemporaneo Émile Augier: "*il denaro viene alla luce con una voglia di sangue sulla guancia*" e aggiunge: "*Il Capitale" viene alla luce trasudando da tutti i pori, da capo a piedi, sangue e sudiciume*".

Nel suo lavoro di ricerca, analisi e produzione Karl Marx sovrappone e unisce sempre con maestria gli aspetti filosofici, storici, economici e politici.

Il socialismo è per Marx la totale emancipazione da tutto questo, una trasformazione profonda e definitiva di tutto il potenziale espresso nel lavoro a vantaggio dei lavoratori stessi, l'appropriarsi da parte dei lavoratori di questa differenza incommensurabile tra la forza risultante dalla loro energia e creatività e l'asservimento a cui essa è soggetta nel capitalismo, piegata a interessi estranei ai lavoratori e indirizzata alla sola massimizzazione del profitto padronale. Il lavoro liberato deve trasformarsi per Marx in una ricchezza che possa contribuire alla crescita collettiva della società. Un percorso che permetta ai lavoratori di diventare padroni della loro fatica, non vittime di una dominazione esterna che impone sudore, fatica e alienazione, in ragione dell'estraneità dei lavoratori rispetto alla produzione e alle sue finalità. Tutto il pensiero marxiano è un'ininterrotta analisi della realtà, un'incessante ricerca sulle ragioni dell'alienazione imposta dal Capitale che tutto e tutti riduce a merce e la necessità rivoluzionaria di un riscatto etico e sociale attraverso il quale le donne e gli uomini siano chiamati a riconquistare la dignità strappata dal capitalismo, ben consapevoli che la proprietà privata dei mezzi di produzione, così come oggi le speculazioni finanziarie, sono il prodotto, il risultato e la conseguenza del lavoro alienato, come ampiamente spiegato da Marx nei "Manoscritti economici – filosofici del 1844".

Il grande sociologo Alain Bihr ci aiuta a riannodare con precisione i tratti distintivi di questo cammino: "*Tutto il lavoro preparatorio della serie di manoscritti che vanno dai Grundrisse al Capitale e una buona parte di questi stessi manoscritti si presentano come una rilettura critica dell'opera dell'insieme degli economisti. Abbiamo visto che Marx progettava, come quarto Libro del Capitale, una sorta di storia critica del pensiero economico. Critica, la lettura che Marx fa di queste opere, lo è in un duplice senso. Da un lato, pur traendo spunto dalle loro acquisizioni, mette in evidenza le loro lacune, le loro insufficienze, i loro errori teorici come pure le loro illusioni ideologiche. Dall'altro, si propone di superare i loro limiti, e dunque in un certo senso di rielaborare la scienza economica come conoscenza positiva del processo globale della produzione capitalistica. Così egli afferma nella prefazione alla prima edizione tedesca del Libro I del Capitale che fine di quest'opera è appunto di svelare la legge economica di movimento della società moderna. Nei fatti Marx avrebbe fatto progredire in modo considerevole la conoscenza dell'economia capitalista, facendo piazza pulita delle idee confuse nelle quali questa si dibatteva prima di lui, comprese quelle dei grandi classici (Smith, Ricardo, Malthus), in par-*

ticolare di quelle che riguardavano il concetto di valore. Sarebbe stato in grado, per primo, di formulare le leggi generali di sviluppo della produzione capitalistica: la legge del valore, la legge dell'accumulazione, la legge dell'equilibrio degli scambi tra le diverse sezioni della produzione sociale, la legge della formazione di un saggio medio di profitto, etc. Ma – è questo il punto importante– ciò che ha permesso a Marx di superare i limiti degli economisti che lo hanno preceduto, è stato precisamente il rapporto critico instaurato con la materia presa in esame. E ciò perché egli non considera i rapporti capitalistici di produzione, in altre parole le forme capitalistiche di produzione sociale, come forme naturali, eterne, immutabili e ancor meno come delle forme sacre e perfette, ma le tratta al contrario come forme storiche, imperfette e destinate ad essere superate; perché non è vittima delle apparenze e delle illusioni che esse creano e che sono all'origine degli errori commessi dalla maggior parte ovvero dalla totalità degli economisti. È l'atteggiamento critico di Marx di fronte alla realtà capitalista che gli ha aperto la via della conoscenza oggettiva e approfondita di quest'ultima. L'oggetto della critica marxiana dell'economia politica non si riduce affatto alla sola scienza economica, né il suo obiettivo si riduce alla denuncia delle lacune e delle insufficienze di questa scienza. Al di là della scienza economica, la critica marxiana si rivolge alla realtà stessa che ne è l'oggetto, cioè ai rapporti capitalistici di produzione e al modo di produzione capitalistico nel suo complesso che si costituisce sulla base di questi rapporti. In altre parole, al di là dell'economia politica come rappresentazione, Marx attacca l'economia politica come mondo: i rapporti capitalistici di produzione che sono la struttura del mondo contemporaneo. I temi della sua critica di tali rapporti sono molteplici: – lo sfruttamento e il dominio del lavoro salariato da parte del capitale, la non equivalenza che maschera il rapporto di scambio nel contratto che regola il lavoro salariato, il segreto della capacità del capitale di produrre e accumulare il plusvalore. Sfruttamento e dominio che si basano su:

– il processo storico di espropriazione dei produttori (la separazione dei produttori dai loro mezzi di produzione) che, sulla base della distruzione e della dissoluzione di tutte le forme precedenti di proprietà e di produzione, ha permesso la formazione del capitale come rapporto sociale di produzione; – il modo in cui la confusione (non solo mentale ma sociale, pratica e ideologica) dei rapporti di produzione con le loro basi materiali (la merce, la moneta, i mezzi di produzione, ecc.) porta a considerare come feticci queste basi, a conferire loro l'apparenza di realtà autonome, che esistono indipendentemente dagli uomini, capaci di mettersi in movimento, di prodursi e di conservarsi da se stesse; – le contraddizioni che minano

questo modo di produzione e le sue spontanee autoregolazioni; contraddizioni tra la sua forma (commerciale e monetaria) e il suo contenuto (lo sviluppo quantitativo e qualitativo delle forze produttive), che ne fanno un modo di produzione fondamentalmente instabile, dal corso necessariamente accidentato e caotico, interrotto da crisi strutturali ricorrenti, dalle conseguenze sociali e politiche drammatiche e talvolta catastrofiche. Se si dovesse riassumere in una sola formula la critica marxiana dell'economia politica come mondo, in altre parole la sua critica dell'universo capitalista, si potrebbe dire che essa denuncia il suo essere un mondo a rovescio, un mondo nel quale i produttori sono dominati dai loro stessi prodotti divenuti autonomi (sotto forma di merci, di denaro e di capitale); un mondo nel quale gli uomini sono governati dalle cose che provengono dalle loro attività; ma, ancor più, un mondo nel quale gli uomini sono sacrificati alla sopravvivenza di questi stessi feticci, che si ergono come idoli barbari e sanguinari, che non esitano a votarli alla miseria e alla morte per perpetuare il proprio dominio.

Lo scopo ultimo della critica dell'economia politica è di mostrare che nel quadro dei rapporti capitalistici di produzione si accumulano, seppur in modo contraddittorio, sia le condizioni oggettive (sotto forma di forze produttive materiali) sia le condizioni soggettive (sotto forma di forze sociali) che rendono possibile un altro mondo. In altre parole, agli occhi di Marx la dinamica stessa dell'economia capitalistica crea le condizioni che rendono possibili non solo il capovolgimento di questo mondo a rovescio che è l'universo capitalista, la riappropriazione da parte degli uomini delle loro condizioni sociali di esistenza, la fondazione di una società basata sulla "libera associazione dei produttori", ma anche e al tempo stesso, cosa ancor più fondamentale, le condizioni del superamento di ogni forma di economia: le condizioni dell'abolizione del regno della necessità e della penuria che è alla base dell'universo economico, e con queste della lotta per la vita; le condizioni dell'accesso all'abbondanza e alla libertà, che si caratterizza essenzialmente con la fine del lavoro (con la riduzione al minimo della durata del lavoro necessario). Possibilità la cui piena attualizzazione presuppone, secondo Marx, una rivoluzione e l'instaurazione di un nuovo modo di produzione, il comunismo."

Marx immagina la sua opera suddivisa in tre Libri, rispettivamente dedicati al processo di produzione, al processo di circolazione e al processo complessivo, seguiti da un quarto libro nel quale Marx si proponeva di riflettere in maniera critica sulla storia delle teorie economiche.

Ancora Alain Bihr può aiutarci a capire la complessità ed eterogeneità dell'opera: "*Dall'inizio del 1866 Marx intraprende la redazione definitiva.*

Quella del Libro I è completata nella primavera del 1867. L'opera è pubblicata nello stesso anno presso l'editore amburghese Otto Meissner. Nel corso della quindicina d'anni che gli restano da vivere, Marx lavorerà a diverse riprese alla messa a punto del seguito del Capitale, senza comunque riuscire a completarlo. Lo impediranno le interruzioni dovute alla sua attività politica (relative alla Comune di Parigi, ai contrasti in seno all'Internazionale, alla costituzione della socialdemocrazia tedesca) ma anche l'indebolimento della sua capacità di lavoro alla fine di un'esistenza vissuta in miseria, senza contare le difficoltà interne al progetto contro le quali egli si trova a cozzare. Questi quindici anni non sarebbero comunque stati sterili, al contrario. Tra il 1868 e il 1870 Marx redige una nuova versione del Libro II del Capitale sotto forma di tre (o anche quattro) manoscritti. Lungo tutti gli anni 1870, elabora una serie di manoscritti su diversi temi che riguardano il Libro III: la conversione del plusvalore in profitto e del saggio di plusvalore in saggio di profitto, il credito e la circolazione della moneta bancaria, e soprattutto la rendita fondiaria e l'economia agricola. Infine, tra il 1877 e il 1883, Marx redige una serie di quattro nuovi manoscritti in vista della redazione del Libro II. Alla sua morte, il 14 marzo 1883, la sua opera principale restava comunque incompiuta e molto eterogenea."

È interessante come Marx riesca, partendo dall'analisi di un rapporto sociale di carattere generale ed astratto, quello del valore, a raggiungere l'obiettivo di mostrarci non solo le sue dinamiche, ma anche a presentarci i presupposti per la costruzione di una società socialista.

Alain Bihr, sul concetto di "valore", che attraversa tutto "Il Capitale", è ancora una volta potentemente sintetico e illuminante: "*In effetti "Il Capitale" non si limita a collegare le differenti forme del valore. Esso mostra che questo collegamento risponde ad una vera e propria logica, quella della separazione del valore dalle sue stesse condizioni materiali, tecniche, sociali, istituzionali, culturali, etc. di esistenza e, di conseguenza dai suoi attori sociali. Ora, il processo di autonomizzazione del valore si opera in definitiva con l'appropriazione da parte di questo rapporto sociale, il valore, delle sue stesse condizioni di esistenza, trasformando l'insieme dei rapporti sociali e delle pratiche sociali preesistenti o producendone di nuove, in modo tale da sottometterle alle esigenze della sua autonomia e della sua indefinita riproduzione. Cosicché l'astrazione crescente del valore, la sua crescente autonomia come rapporto sociale, non è niente altro se non il processo per mezzo del quale questo rapporto si appropria della realtà sociale in tutta la sua estensione e in tutte le sue caratteristiche. Esponendo questo processo di appropriazione, "Il Capitale" restituisce progressivamente, tappa per tappa, momento per momento, la totalità della realtà sociale così come essa viene formata, e volta a volta rimodellata e prodotta da questo rapporto sociale divenuto autonomo dalle proprie stesse condizioni di esistenza, che è il valore. Collegando le differenti forme del valore, seguendo la realizzazione della sua crescente autonomia, "Il Capitale" metodicamente ci restituisce tutto il concreto sociale di cui questo rapporto sociale si appropria. E questo metodo, che va dall'astratto al concreto e agisce mettendo provvisoriamente tra parentesi il concreto sociale, per partire da questa astrazione che è il valore e restituire poi ciò che era stato scartato in precedenza, è il solo che permette di cogliere in modo rigoroso la totalità del modo di produzione capitalistico secondo la logica stessa del suo costituirsi.*"

Il capitalismo non può così essere l'ultima forma di organizzazione sociale dell'umanità, deve necessariamente esistere un passaggio solidale più avanzato, come scrive ne "L'Ideologia tedesca", nel 1846: "*Il comunismo si differenzia da tutti i movimenti finora esistiti in quanto rovescia la base di tutti i rapporti di produzione e le forme di reazione finora esistite, e per la prima volta tratta coscientemente tutti i presupposti naturali come creazioni degli uomini finora esistiti, li spoglia del loro carattere naturale e li assoggetta al potere degli individui uniti.*"

Occorre certo essere radicali, perché "*essere radicali significa afferrare le cose alla radice*" e poiché l'uomo è un essere sociale, così come "*la società stessa produce l'uomo in quanto uomo, così l'uomo produce la società*", come affermato nei "Manoscritti economici – filosofici del 1844", da qui deriva l'estraneità delle donne e degli uomini rispetto alla libertà borghese del suo e del nostro tempo che altro non era e non è che una libertà per pochi, dei ricchi contro i poveri, degli sfruttatori contro gli sfruttati, degli occidentali contro i cittadini del Sud del mondo che vengono depredati delle materie prime energetiche e alimentari.

Così l'uomo, essere sociale, diventa artefice e costruttore della storia. Marx ne "La sacra famiglia" scrive che "*la storia non fa nulla. Essa non possiede una ricchezza immensa, essa non combatte battaglie. È l'uomo, il vero, vivente uomo che fa tutto ciò, che possiede e lotta; la storia non è, per così dire, una persona a parte, che usa l'uomo come un mezzo per raggiungere i propri obiettivi; la storia non è nient'altro che l'attività dell'uomo che persegue i propri obiettivi*", tuttavia ne "L'ideologia tedesca ricorda come "*la liberazione sia un atto storico, non un atto ideale, e si compia a partire da condizioni storiche*", quando essa si realizzerà, "*apparirà allora chiaro come da tempo il mondo possieda il sogno di una cosa della quale non ha che da possedere la coscienza per possederla realmente*", come aveva scritto a Ruge nel settembre 1843. È l'uomo in definitiva ad essere chiamato a trasformare in storia il sogno di una società fondata sull'uguaglianza.

L'EMANCIPAZIONE DI TUTTI I POPOLI E LA LOTTA AL COLONIALISMO E AL NEO-COLONIALISMO, PARTE INTEGRANTE E FONDAMENTALE DEL MARXISMO DEL NOVECENTO

"La democrazia borghese è una democrazia per una minoranza di ricchi, questo è il sistema democratico della società capitalista."

VLADIMIR LENIN
"Stato e Rivoluzione"

Con Marx, l'internazionalismo proletario e la solidarietà internazionale diventano i principi fondamentali dell'attività teorica e pratica dei marxisti.

Per intendere esattamente quanto il marxismo divenuto concreta realtà statuale sia totalmente differente dall'approccio eurocentrico e socialdemocratico basta riflettere sul fatto che donne e uomini di Africa, Asia e America Latina hanno preso parte del tutto liberamente e su un piano di eguaglianza ai congressi dell'Internazionale Comunista, dell'Internazionale Contadina, di quella delle Donne e di quella dei Sindacati Rossi. Il fatto può apparire scontato oggi. Non lo era assolutamente negli anni '20 e '30 del passato secolo, non solo per il perdurare del razzismo e del fascismo, ma anche perché le nazioni borghesi come la Francia, il Belgio e la Gran Bretagna possedevano sterminate colonie in cui la discriminazione razziale e lo schiavismo erano pratica quotidiana. In egual modo gli Stati Uniti, anche quelli di Roosevelt, praticavano nella maggioranza assoluta degli stati che compongono l'Unione una feroce repressione razziale contro i neri, allo stesso modo dell'apartheid sudafricano. Tutto questo non può essere dimenticato, l'Unione Sovietica staliniana è quella in cui donne e uomini, in nome del marxismo, parlano dalle tribune dei congressi ribadendo la loro uguaglianza e la loro lotta per la libertà. Antesignano di questo impegno per l'emancipazione dei popoli sfruttati dal colonialismo e dal neocolonialismo, che vedrà nel secondo dopoguerra svariati dirigenti rivoluzionari, in America Latina dai fratelli Castro a Salvador Allende e Luis Corvalan, in Africa dal ghanese Kwame Nkrumah al burkinabé Thomas Sankara, in Asia da Kim Il Sung a Mao Ze Dong, è certamente Ho Chi Min che interviene in svariate occasioni dalla tribuna oratoria moscovita, al teatro Bol'šoj come al palazzo dei sindacati.

Per intendere la radicale novità di un marxismo che pone sul piano di uguaglianza tutti gli esseri umani occorre rileggere alcuni passaggi dell'intervento di Ho Chi Min al V Congresso Mondiale dall'Internazionale comunista svoltosi a Mosca tra il 17 giugno e l'8 luglio 1924: "*Gran Bretagna, Francia, Stati Uniti, Spagna, Italia, Giappone, Belgio, Portogallo, Olanda, hanno una popolazione di 320 milioni di abitanti e una superficie di 11,5 milioni di chilometri quadrati e sfruttano colonie che abbracciano decine di nazionalità, che hanno una popolazione di 560 milioni abitanti ripartiti su 55,5 milioni di chilometri quadrati. La superficie dell'insieme dei territori coloniali è cinque volte superiore a quella delle metropoli la cui popolazione totale rappresenta appena i tre quinti di quella delle colonie. Queste cifre sono ancora più eloquenti se si considerano isolatamente le maggiori potenze imperialiste. La popolazione delle colonie britanniche è otto volte e mezza superiore a quella dell'Inghilterra e la loro superficie totale è circa duecentotrentadue volte quella della metropoli. In quanto alla Francia, occupa territori diciannove volte più grandi di lei e la popolazione delle sue colonie supera la sua di 16,5 milioni di abitanti. Si può dire senza esagerazione che fino a quando il Partito Comunista Francese e il Partito Comunista Inglese non esplicheranno una politica veramente attiva nelle questioni coloniali e non stabiliranno contatti con le masse delle colonie, i loro vasti programmi resteranno sempre lettera morta. Questi programmi resteranno lettera morta perché contrari al marxismo e al leninismo. Mi spiego. Nel discorso su Lenin e la questione nazionale il compagno Stalin ha sottolineato che i riformisti e i capi della II Internazionale non hanno mai osato schierare i popoli di razza bianca con i popoli di colore, che Lenin ha respinto questa ineguaglianza e bruciato l'ostacolo che separava gli schiavi civilizzati dell'imperialismo e i popoli schiavi non civilizzati. Secondo Lenin il successo della rivoluzione in Europa occidentale è strettamente legato al movimento di liberazione nazionale e antimperialista nelle colonie e nei paesi soggetti, e la questione nazionale è una parte della questione generale della rivoluzione proletaria e della dittatura del proletariato. Il compagno Stalin in seguito ha parlato del punto di vista secondo il quale la vittoria del proletariato sarebbe possibile in Europa senza un'alleanza diretta con il movimento di liberazione nelle colonie e lo ha definito controrivoluzionario. E tuttavia, se procediamo a un esame teorico partendo da fatti concreti, siamo in diritto di affermare che, ad eccezione del partito russo, il punto di vista di cui parlava Stalin sussiste ancora nei grandi partiti proletari europei dal momento che non fanno assolutamente niente in questo campo. Che cosa ha fatto la borghesia dei paesi colonizzatori per mantenere sotto la sua oppressione le larghe masse dei popoli colonizzati? Tutto. Essa svolge una propaganda attiva usando tutte le possibilità che le offre il suo apparato statale. Con tutti i mezzi, le conferenze, il cinema, la stampa, le esposizioni, per non citare che i più importanti, essa sistematicamente riempie il cranio dei popoli metropolitani della tesi colonialista, facendo brillare ai loro occhi le prospettive di una vita di felicità, di gloria e di abbondanza che sembra attenderli nelle colonie. In quanto ai nostri partiti comunisti di Inghilterra, d'Olanda, del Belgio e degli altri paesi la cui borghesia ha invaso le colonie, che cosa hanno fatto? Quali iniziative hanno preso dopo aver accettato la tesi di Lenin sulla necessità di educare il proletariato del loro paese nello spirito del vero internazionalismo proletario e del ravvicinamento con le masse lavoratrici delle colonie? Tutto ciò che i nostri partiti sono riusciti a fare in questo campo non è davvero granché. In quanto a me, la cui patria è colonizzata dalla Francia e che sono membro del Partito Comunista Francese, mi duole dover dire che il nostro partito ha fatto molto poco per le colonie. È dovere della nostra stampa comunista familiarizzare i nostri militanti con i problemi coloniali, destare alla lotta le masse lavoratrici delle colonie e guadagnarle alla causa del comunismo. Che cosa abbiamo fatto da questo punto di vista? Assolutamente niente. Se si paragona il posto riservato sulle sue colonne ai problemi coloniali dall'Humanité, organo centrale del nostro partito, a quello che dedicano a questo argomento giornali borghesi è facile rendersi conto che il paragone non è a nostro vantaggio. Il ministero delle colonie ha elaborato un piano per convertire vaste aree di terra in Africa in concessioni da assegnare a privati e i loro abitanti in veri schiavi legati alla terra dei nuovi padroni; e la nostra stampa non ne ha fatto parola. Nelle colonie dell'Africa occidentale francese si è ricorso a mezzi senza precedenti per imporre la coscrizione obbligatoria; e la nostra stampa non ha reagito. I governanti dell'Indocina, trasformandosi in mercanti di schiavi hanno venduto i tonchinesi ai concessionari delle isole del Pacifico; hanno portato la durata del servizio militare per gli indigeni da due a quattro anni; hanno concesso la maggior parte delle terre della colonia ai pescecani del capitalismo finanziario; hanno aumentato del 30% le imposte, che oltrepassavano già le capacità fiscali dei contribuenti. E tuttavia la nostra stampa ha continuato a mantenere il silenzio. C'è dunque da meravigliarsi se le popolazioni indigene propendono per le organizzazioni democratiche liberali, come la Ligue des droits de l'homme et du citoyen e altre organizzazioni analoghe, che si occupano, o fingono di occuparsi, di loro?"* È ancora Ho Chi Min a ricordare come la politica coloniale sostituisse la proprietà collettiva con la proprietà privata, liquidasse la piccola proprietà privata a vantaggio del latifondo, strappasse ai contadini delle colonie le terre migliori, obbligasse inoltre i vecchi, le donne, i bambini a lavorare come domestici, costringendo le popolazioni locali a vivere in tuguri, trattandoli con disprezzo e brutalità, lasciandoli alla fame, imponendo miseria e morte, epidemie e violenze. Ho Chi Min definisce il colonialismo "*un regime di saccheggio, di spoliazione, di massacro e di devastazione*" e ricorda come in Congo "*la popolazione sia scesa da 25 milioni nel 1891 a 8 milioni e mezzo nel 1911*" e ugualmente si sono comportati i tedeschi, i portoghesi e gli italiani. Per quanto riguarda i belgi, seppur a fronte delle nascite e dei giovani, si tratta in venti anni di venti milioni di morti, un genocidio mostruoso iniziato con l'occupazione belga del Congo e continuato dopo fino all'indipendenza dichiarata da Patrice Lumumba il 30 giugno 1960 e subito soffocata, come la vita del grande statista, dal neocolonialismo.

Ho Chi Min constata amaramente: "*Sono bastati quindici anni per rendere deserte delle regioni costiere una volta densamente popolate. Le ossa degli indigeni biancheggiano al sole delle oasi e nei villaggi devastati.*" Uno sterminio, tutto questo non potrebbe chiamarsi in altro modo. Eppure pochi ricordano i milioni e milioni di morti del genocidio perpetrato dal colonialismo europeo, così come le violenze del colonialismo nipponico in tutta l'Asia e in particolare nella penisola coreana.

È del tutto evidente che solo la lotta dei popoli contro il colonialismo e la necessità per i marxisti di guidare questa lotta e questa emancipazione avrebbe portato a un radicale cambiamento dello scenario mondiale, quello che di fatto si realizza dopo l'avvento del primo stato marxista nel 1917 e in particolare con l'affermazione dell'Armata Rossa contro il nazifascismo nella seconda guerra mondiale. Ho Chi Min, Kim Il Sung, Mao Ze Dong, Cuba con Fidel e Raul Castro ed Ernesto Che Guevara. I socialisti non hanno mai teorizzato il socialismo in un solo paese, neppure Iosif Stalin, come i congressi del Partito Bolscevico e quelli dell'Internazionale testimoniano, solo strumentali forzature possono sostenere il contrario, i discorsi, le relazioni e tutti i documenti dell'Internazionale provano il contrario. È piuttosto il marxismo che diventa il motore, nel secondo Novecento della lotta contro il colonialismo e il neo-colonialismo, un movimento di donne e uomini straordinario che cambierà la storia.

MATERIALISMO STORICO E MATERIALISMO DIALETTICO

"L'analisi concreta della situazione è l'essenza stessa, l'anima viva del marxismo."

VLADIMIR LENIN
"Che cosa è il comunismo"

Il senso della storia e delle sue mutazioni era profondissimo in Marx, che amava ricordare come in Inghilterra durante la rivolta cristiano-popolare del 1381, guidata da Wat Tyler e John Ball, le masse contadine gridassero e cantassero:"*Quando Adamo zappava ed Eva filava, dov'erano i nobili?*".

Secondo Marx il fine della storia mondiale è la libertà, ma gli esseri umani non sono liberi, perché sono schiacciati dalla proprietà, solo abolendola potranno soddisfare i loro bisogni e sviluppare le loro capacità.

Per spiegare la degradazione umana e sociale derivata dalla proprietà Marx ricorre all'esempio del gioielliere che vede il valore di mercato e non la bellezza delle gemme che gli passano tra le mani. Dice Marx: "*nella condizione alienata conseguente alla proprietà privata, noi non possiamo apprezzare alcunché se non possedendolo, o usandolo come un mezzo. Invece l'abolizione della proprietà privata libererà i nostri sensi da tale condizione alienata e ci metterà in grado di apprezzare il mondo in maniera veramente umana.*"

In Marx la proprietà privata è all'origine dell'alienazione sociale e dell'alienazione del lavoro, che porta il lavoratore stesso ad essere totalmente estraneo a ciò che produce, alienando l'uomo anche dalla natura che lo circonda e che trasforma. Marx ripeteva che nulla di ciò che è umano gli era estraneo, e di tutto, con materialistica determinazione, dubitava, mettendolo scientificamente sotto giudizio.

Marx, come ha ricordato Michail Suslov a Mosca nel 150° della nascita nel 1968 del gigante di Treviri, ha dimostrato scientificamente che era necessario e possibile distruggere rivoluzionariamente un regime antipopolare come quello capitalista, tracciando la prospettiva della creazione di una nuova società senza sfruttamento, oppressione e miseria, nella quale la produzione, la scienza e la cultura potessero essere realizzate dal popolo e orientate al suo sviluppo. Marx ha cambiato il senso della storia, mostrando che a fondamento della vita sociale vi è la produzione materiale e che gli artefici di questa, non già i re e i potenti, sono i protagonisti degli avvenimenti storici ai quali concorrono con la loro opera, quale che sia il loro ruolo, lavoratori o soldati, marinai o contadini.

Già nel 1846 Marx aveva scritto: "*La storia sociale degli uomini non è altro che la storia del loro sviluppo, che ne siano essi coscienti o no*" e due anni prima in "Per la critica della filosofia hegeliana del diritto" ricordava che "*essere radicali significa afferrare le cose alla radice e la radice per l'uomo è l'uomo stesso.*" L'obiettivo, dichiarato nel "Manifesto del Partito Comunista" per lui è sempre stato il raggiungimento di una società in cui "*il libero sviluppo di ciascuno" potesse essere "la condizione per il libero sviluppo di tutti.*" In "Per la critica dell'economia politica" Marx scrive: "*Non è la coscienza degli uomini che determina il loro essere, ma al contrario, è il loro essere sociale che determina la loro coscienza.*"

Appunto perché il marxismo non è un dogma, non è una dottrina compiuta, bell'e pronta e immutabile, ma una guida viva per l'azione, esso si prefigge di riflettere i cambiamenti che avvengono nella vita sociale. La contraddizione interna della storia e della società è costituita dal fatto che le forze produttive generano dei rapporti sociali che a un certo punto diventano inadeguati al loro sviluppo e vengono così sostituiti da nuovi rapporti più confacenti con i cambiamenti delle forze produttive. La teoria del plusvalore in particolare ha rivelato la contraddizione esistente tra lavoro e capitale, tra il carattere sociale della produzione e la forma privata dell'appropriazione, ha mostrato la necessità di un cambiamento rivoluzionario, svelandola ai lavoratori e rendendoli consapevoli della loro condizione di sfruttati. Proprio perché "*la storia è il giudice e il proletariato il suo esecutore*", come Marx ha scritto nel discorso da lui tenuto nel 1856 ai chartisti inglesi, che si battono per il suffragio universale per il quale raccolgono un milione di firme, è evidente che il metodo di analisi della realtà non può essere mutuato o preso in prestito dalla borghesia.

Dice Marx: "*Il mio metodo dialettico non solo differisce dal metodo hegeliano nella base, ma ne è diametralmente opposto. Per Hegel il processo del pensiero, che egli trasforma perfino, sotto il nome di Idea, in un soggetto indipendente, è il demiurgo, il creatore della realtà, la quale è solo la manifestazione estrinseca dell'Idea. Per me, al contrario, l'elemento ideale non è che l'elemento materiale, trasportato e trasposto nel cervello dell'uomo.*"

Per Marx quindi la dialettica è una legge materiale del mondo umano, il quale nella sua evoluzione risolve le contraddizioni, massimamente di classe, giacché i rapporti economici sono quelli che determinano l'esistenza materiale delle donne e degli uomini. Marx ribalta il concetto hegeliano secondo cui dalle idee discenda la realtà, sostenendo con piene ragioni, che è dalla realtà che discendono le idee. Per questo Marx ripeteva che il metodo dialettico hegeliano si reggeva sulla testa, mentre il suo si reggeva sulle gambe, sui piedi e sulle braccia delle persone concrete e concretamente inserite nel mondo e nella storia.

Il passaggio dai bisogni vitali alla necessità di soddisfare nuovi bisogni, diventa la prima azione storica dell'uomo, che, abbandonato il comunitarismo delle origini, avvia uno sviluppo fondato sullo sfruttamento dell'uomo sull'uomo. Un modello sociale che Marx da comunista contesta e combatte, ponendo per primo in evidenza le contraddizioni socio-economiche generate dallo scontro tra le forze produttive. Per Marx il capitalismo è un incessante processo di trasformazione determinato dalle forze produttive, in cui esse stesse modificano i rapporti di produzione. Da questa dimensione analitica che privilegia il materialismo storico, deriva la definizione del materialismo dialettico come categoria teorica, filosofica e politica per l'analisi della realtà e dello stato di cose presenti e per la volontà di una sua incessante trasformazione, possibilmente rivoluzionaria.

Prima di partire per l'Italia nel 1907, in fuga dopo la rapina alla banca di Tbilisi, che garantirà al gruppo di Lenin le necessarie risorse per l'azione politica, Iosif Stalin, allora conosciuto con un altro nome di battaglia, quello di Koba, scrive un articolo, polemizzando con gli anarchici, in cui spiega come "*il marxismo non sia solo la teoria del socialismo, sia una concezione completa del mondo, un sistema filosofico dal quale sgorga naturalmente il materialismo dialettico. Perché si chiama materialismo dialettico? Perché il suo metodo è dialettico e la sua teoria materialista. Nella vita esiste sempre ciò che cresce e ciò che muore, ciò che è rivoluzionario e ciò che è controrivoluzionario. Il metodo dialettico dice che bisogna considerare la vita proprio come essa è in realtà. Abbiamo visto che la vita presenta un quadro di continua distruzione e creazione, quindi è nostro dovere considerare la vita nella sua distruzione e creazione.*" Stalin, molti anni dopo, chiarirà nuovamente questi concetti con enorme chiarezza nelle pagine del capitolo "Materialismo dialettico e materialismo storico" della "Storia del Partito Comunista (bolscevico) dell'Unione Sovietica" del 1938: "*Il materialismo dialettico è la concezione del mondo del partito marxista-leninista. Si chiama materialismo dialettico perché il suo modo di considerare i fenomeni della natura, il suo metodo per investigare e per conoscere i fenomeni della natura è dialettico, mentre la sua interpretazione, la sua concezione di questi fenomeni, la sua teoria, è materialistica. Il materialismo storico estende i princìpi del materialismo dialettico allo studio della vita sociale, li applica ai fenomeni della vita sociale, allo studio della società, allo studio della storia della società. Definendo il loro metodo dialettico Marx ed*

Engels si riferiscono di solito a Hegel, come al filosofo che ha fissato i tratti fondamentali della dialettica. Questo però non vuol dire che la dialettica di Marx e di Engels sia identica a quella di Hegel. In realtà Marx ed Engels hanno preso dalla dialettica di Hegel solo il suo nucleo razionale, gettando via la corteccia idealistica hegeliana e sviluppando la dialettica, per imprimerle un carattere scientifico moderno."

Ancora Iosif Stalin scrive: "*Il fallimento degli utopisti e, tra di essi, dei populisti, degli anarchici, dei socialisti-rivoluzionari, si spiega, tra l'altro, col fatto che essi non hanno riconosciuto la funzione primordiale che nello sviluppo sociale hanno le condizioni della vita materiale della società e, caduti nell'idealismo, hanno basato la loro attività pratica non già sulle esigenze dello sviluppo della vita materiale della società, ma, indipendentemente da esse e contro di esse, su piani ideali e progetti universali, staccati dalla vita reale della società. La forza e la vitalità del marxismo-leninismo stanno nel fatto che esso fonda la sua azione pratica proprio sulle esigenze dello sviluppo della vita materiale della società, non staccandosi mai dalla vita reale della società.*"

Sempre Stalin riflette con precisione, nella stessa opera su che cosa sia e debba essere la storia: "*Quale il modo di produzione della società, tale sostanzialmente è la società stessa, tali le sue idee e teorie, le sue concezioni e istituzioni politiche. Ossia, più semplicemente: quale il modo di vita degli uomini, tale è il loro modo di pensare. Questo vuol dire che la storia dello sviluppo della società è, innanzi tutto, storia dello sviluppo della produzione, storia dei modi di produzione che si susseguono nel corso dei secoli, storia dello sviluppo delle forze produttive e dei rapporti di produzione tra gli uomini. Vuol dire che la storia dello sviluppo sociale è, nello stesso tempo, storia dei produttori dei beni materiali, storia delle masse lavoratrici, che sono le forze fondamentali del processo di produzione, e producono i beni materiali necessari all'esistenza della società. Vuol dire che la scienza storica, se vuol essere una vera scienza, non può più ridurre la storia dello sviluppo sociale alle gesta dei re e dei condottieri, alle gesta dei conquistatori e degli assoggettatori di Stati, ma deve, innanzi tutto, essere storia dei produttori dei beni materiali, storia delle masse lavoratrici, storia dei popoli. Vuol dire che la chiave per lo studio delle leggi della storia della società bisogna cercarla, non nel cervello degli uomini, e neppure nelle concezioni e nelle idee della società, ma nel modo di Produzione praticato dalla società in ogni periodo storico determinato, nell'economia della società. Vuol dire che il compito primordiale della scienza storica è quello di studiare e scoprire le leggi della produzione, le leggi secondo le quali si sviluppano le forze produttive e i rapporti di produzione, le leggi dello sviluppo economico della società. Vuol dire che il partito del proletariato, se vuol essere un vero partito, deve possedere, innanzi tutto, la conoscenza delle leggi dello sviluppo della produzione, la conoscenza delle leggi dello sviluppo economico della società.*"

D'altronde Marx in "Per la critica dell'economia politica" ha scritto: "*Non è la coscienza degli uomini che determina il loro essere, ma è, al contrario, il loro essere sociale che determina la loro coscienza.*"

Stalin concludeva ricordando come "*la fonte della vita spirituale della società, l'origine delle idee sociali, delle teorie sociali, delle concezioni politiche, delle istituzioni politiche, si deve ricercare non già nelle idee, teorie, concezioni, istituzioni politiche stesse, bensì nelle condizioni della vita materiale della società, nell'essere sociale, di cui queste idee, teorie, concezioni, sono il riflesso.*"

Come ha scritto Kim Jong Il nel 1983 in "*Nel centenario della morte di Karl Marx*", il materialismo storico e il materialismo dialettico sono alla base del metodo analitico e dell'azione rivoluzionaria dei marxisti contemporanei: "*In rapporto all'epoca di Marx la storia ha compiuto grandi progressi e il mondo è radicalmente cambiato. I comunisti e i popoli rivoluzionari del mondo hanno ereditato i suoi insegnamenti e li hanno applicati. Il marxismo non ha cessato di svilupparsi. Continuando l'opera di Marx, Lenin ha sviluppato in forma creativa il marxismo attento alle condizioni storiche del suo tempo, ovvero l'epoca del confronto tra l'imperialismo e la rivoluzione proletaria. Ciò gli ha permesso di portare al successo la Rivoluzione socialista d'Ottobre e di determinare la nascita del primo stato fondato sulla dittatura del proletariato. L'ideologia rivoluzionaria della classe lavoratrice elaborata da Marx e sviluppata da Lenin, il marxismo – leninismo, ha offerto uno straordinario impulso alla lotta rivoluzionaria del proletariato internazionale e ha fornito un efficace strumento d'azione per il cammino di liberazione di sterminate masse popolari di tutto il mondo.*"

MARX, GRAMSCI, I BOLSCEVICHI E IL SENTIMENTO RELIGIOSO

"La coscienza dell'uomo non solo rispecchia il mondo oggettivo, ma altresì lo crea."

VLADIMIR LENIN
"Quaderni filosofici"

Nell'attuale fase politica mondiale e dell'Occidente in particolare, che vive il suo declino non reversibile, le parole di un marxista conseguente come Antonio Gramsci di dura e ferma condanna della democrazia occidentale, da lui ritenuta una grande farsa utilizzata dai poteri forti per continuare a gestire la cosa pubblica, le sorti delle nazioni e la vita privata dei cittadini, con il loro ingenuo consenso, meritano di essere rilette. Nel XIX quaderno dal carcere, del 1934-35, prima attacca con decisione l'idea che la democrazia sia "*parlamentarismo ed elezionismo*", ritenendo sia qualcosa di ben più complesso, volto necessariamente a coinvolgere direttamente i cittadini e i lavoratori, come nei consigli, detti alla russa "soviet", ai quali lui stesso aveva dato impulso in Italia nei primi anni '20 a Torino, poi riflettendo sulla demagogia, distingue con forza tra quella praticata dall'Occidente, in cui qualche cialtrone utilizza "*le masse umane come strumento servile, buone per raggiungere i propri scopi e poi buttarle via*", da quella praticata dai dirigenti sovietici, primo tra tutti l'allora segretario generale del partito, Iosif Stalin. Distingue insomma tra una demagogia deteriore e una demagogia superiore, che: "*tende a raggiungere fini politici organici di cui queste masse sono il necessario protagonista storico*", in cui riconosce al capo la capacità di svolgere un vero e proprio ruolo "*costruttivo e costituente*". D'altronde è Gramsci ad aver scritto che: "*non esiste una democrazia in generale, esistono due democrazie, quella borghese e quella socialista, che non possono esistere simultaneamente nello stesso paese.*"

Se quindi tutte le riduzioni di Grasmsci a "liberale", son del tutto improprie, come quelle praticate nei confronti di Marx, che Marx avesse ragione a ritenere, nel "Capitale", la religione il sospiro della creatura oppressa lo conferma Antonio Gramsci sull' "Avanti!" del 4 marzo 1916, in cui scrive: "*La religione è un bisogno dello spirito. Gli uomini si sentono spesso sperduti nella vastità del mondo, si sentono spesso sballottati da forze che non conoscono, il complesso delle energie storiche così raffinato e sottile sfugge talmente al senso comune, che nei momenti supremi solo chi ha sostituito alla religione qualche altra forza morale riesce a salvarsi dallo sfacelo*".

La dimensione antropologica e filosofica della religione, il suo valore per l'identità personale e collettiva dei singoli e dei popoli non è mai stata negata da Karl Marx, nipote del rabbino di Treviri, e dai marxisti più attenti e conseguenti. La battaglia, forte e decisa, è stata non contro la fede in quanto sentimento, ma contro le strutture di potere e di oppressione che le chiese in quanto istituzioni fortemente connesse con i sistemi feudali di sfruttamento delle masse hanno perpetrato nei secoli e anche nel tragico secolo borghese, l'Ottocento, quello in cui Marx viveva e in cui le condizioni di vita delle donne e degli uomini sono state le peggiori della storia. Confondere quindi il giusto attacco alle strutture di un potere oppressivo e coercitivo nei confronti delle masse con la critica aprioristica al valore identitario, personale e collettivo delle religioni è del tutto fuori luogo. La definizione della religione come "oppio dei popoli", finita purtroppo nel "Capitale", è del barone illuminista Paul Heinrich Dietrich d'Holbach e ha un secolo più di Marx.

È ancora Gramsci, nel VI quaderno di quelli scritti durante la lunga carcerazione impostagli dalla brutalità fascista a riflettere sull'affermazione di Plutarco in merito al resoconto dei viaggiatori che segnalano l'esistenza di "*città senza mura e senza lettere, senza ricchezze e senza l'uso della moneta, prive di teatri e di ginnasi. Ma una città senza templi e senza dei, che non pratichi né preghiere, né giuramenti, né divinazioni, né i sacrifizii per impetrare i beni e deprecare i mali, nessuno l'ha mai veduta, né la vedrà mai*". Ci troviamo di fronte al riconoscimento della fede come dimensione personale e collettiva, capace di offrire uno spazio identitario a chi la pratica.

Le fedi dei popoli, dalla rivolta cinquecentesca dei contadini guidati da Thomas Müntzer, sempre ritenuta nella DDR parte fondativa dell'identità nazionale, all'ideale egualitario di sterminate masse contadine che hanno partecipato all'esperienza repubblicana spagnola a partire dal 1936, si sono sempre nutrite di un orizzonte apocalittico e utopistico rigenerativo. Sarà Hugo Chavez a ribadire, attraverso il socialismo del XXI secolo, come il socialismo metta al centro l'uomo, di più, il proletario, ovvero l'afflitto, l'affamato, il diseredato, evangelicamente potremmo dire l'ultimo. Hugo Chavez attraverso l'elaborazione teorica del socialismo bolivariano ha confermato l'incontro tra il marxismo e il cristianesimo, contro la perversa ideologia dei consumi, trasformatasi in religione dell'Occidente, rappresentata dal possesso di oggetti, reclamizzati dalla pubblicità. In egual modo nel mondo musulmano, non solo, come ricordava Karl Radek al congresso bolscevico di Baku del 1920, la dimensione identitario – religiosa poteva svolgere un ruolo decisivo nel processo emancipativo delle masse asiatiche, ma in tempi più recenti Hassan Nasrallah, segretario di Hezbollah, l'importante partito sciita libanese, già in gioventù dirigente comunista, ha ribadito come l'incontro tra istanze di giustizia sociale ed eguaglianza del marxismo e principi islamici coincidano e concorrano a una radicale trasformazione del mondo. Idee certo non nuove, elaborate approfonditamente anche agli albori dell'Unione Sovietica dal bolscevico tataro Mirsaid Sultan-Galiev, così come in tempi più recenti negli anni '70 sviluppate dalla straordinaria concezione in un Islam capace di costruire uguaglianza di Ali Shariati, il grande teorico del marxismo rivoluzionario iranico.

Ugualmente si potrebbe riflettere a lungo sulla Teologia della Liberazione che, sulla spinta del Concilio Ecumenico Vaticano II alla metà degli anni '60 libera straordinarie energie positive, capaci di vedere un fiorire di elaborazioni teoriche volte alla sintesi tra marxismo e cristianesimo, i brasiliani Frei Betto e Leonardo Boff, amici dei fratelli Fidel e Raul Castro, così come in campo pedagogico Paulo Freire e in quello ecclesiastico Helder Camara rappresenteranno riferimenti per la resistenza brasiliana nei tempi della dittatura filo-occidentale, il peruviano Gustavo Gutierrez, autore nel 1971 di un libro proprio dal titolo "Teologia della Liberazione", in Italia il professore e teologo Giulio Girardi e Giovanni Franzoni della comunità di base di San Paolo a Roma, fino alle esperienze radicali di Camilo Torres, sacerdote che sceglie di unirsi all'Esercito di Liberazione Nazionale colombiano, a quella più istituzionale, ma non meno incisiva, promossa dai cattolici cileni con l'appoggio del cardinale Raul Silva Henriquez prima a sostegno dell'Unità Popolare di Salvador Allende e dei comunisti di Luis Corvalan, con la presenza nella coalizione di due partiti di ispirazione cristiana, il MAPU, Movimento di Azione Popolare Unitario e la Sinistra Cristiana, poi nel contrasto alla brutale e sanguinaria dittatura di Augusto Pinochet.

È interessante come il pensiero di Kim Il Sung, nel porre la centralità dell'uomo nell'agire della storia, consideri tutte le religioni come parte rilevante e non eludibile della dimensione identitaria dei singoli e dei popoli, a dimostrazione di come l'elaborazione del pensiero politico coreano abbia dato un contributo significativo a una riflessione non dogmatica sul tema religioso.

Meriterebbero un approfondimento inoltre i temi della libertà e dell'identità religiosa nei paesi socialisti di oggi, da Cuba al Vietnam, dal Laos alla Cina, tutte nazioni socialiste in cui la libertà religiosa è praticata ed è riconosciuta come spazio di espressione dei cittadini, così come meriterebbero un approfondimento dal punto di vista marxista due delle più interessanti esperienze del Novecento, quella della DDR, la Germania socialista e quella della Jugoslavia socialista e federativa di Josip Broz Tito. Nella DDR le chiese protestanti e cattolica, come quella ortodossa avevano luoghi di culto destinati all'espressione del sentimento religioso dei cittadini. La CDU, l'Unione Cristiano Democratica, non solo offriva rappresentanza a questa parte della società tedesco-orientale, ma anche portava in parlamento persone consacrate, come i pastori protestanti. Uno dei massimi dirigenti del partito, Otto Nuschke, era stato tra coloro che avevano elaborato una innovativa teoria politica capace di riconoscere nell'ordinamento sociale socialista un punto più alto e più importante nella costruzione di una società giusta ed eguale e quindi maggiormente aderente ai dettati evangelici. In Jugoslavia l'edificazione del socialismo è passata per il rispetto delle lingue, delle culture e delle religioni dei popoli che componevano la Repubblica Federativa e Socialista. Josip Broz Tito ha dato impulso al rispetto del sentimento religioso e le campane delle chiese cattoliche, ortodosse e protestanti hanno incrociato per tutti gli anni del socialismo i loro rintocchi con i richiami alla preghiera provenienti dai minareti delle moschee, così come la pur esigua comunità ebraica jugoslava ha sempre avuto sinagoghe e centri culturali per esprimere una delle identità presenti da secoli nei Balcani. Sarajevo, prima che la guerra di Bosnia promossa dall'Occidente negli anni '90 del Novecento imponesse il separatismo etnico, è stata una delle più riuscite sintesi di una convivenza che trovava nello stato socialista e nelle sue conquiste il solco in cui le differenti culture e i differenti orientamenti religiosi potevano convivere ed esprimersi in tutta libertà.

In Unione Sovietica, terminata la guerra civile, Iosif Stalin ha riconosciuto i monasteri e il patriarcato di Mosca, così come altre sedi patriarcali. Fabbriche di oggetti e paramenti religiosi, di materiale religioso, dalle candele ai libri sacri, sono rimaste operative per tutto il tempo dell'Unione Sovietica. A Zagorsk, oggi tornata Sergev Posad, il monastero di San Sergio ha ospitato decine di incontri internazionali per la pace e per il dialogo ecumenico tra le religioni, tuttavia occorre riannodare i fili della relazione tra il sentimento e l'identità religiosa nell'elaborazione del pensiero bolscevico, essendo l'esperienza sovietica la prima che ha realizzato il socialismo.

Nel Partito Bolscevico si scontrano da un lato il rigido dogmatismo leniniano, di fatto religioso pur nel suo dichiarato ateismo, e dall'altro la visione religiosa del socialismo di Gorkij e Lunaciarski. Le due teorie si sono scontrate per lunghi anni, ma avevano lo stesso anelito spirituale e in ragione dell'insopprimibile bisogno di sacro degli esseri umani, hanno trionfato congiuntamente nella sintesi unitaria che di entrambi i pensieri ha fatto Iosif Stalin, grande conoscitore dell'anima profonda del popolo russo e degli altri popoli sovietici, d'altronde il bisogno di credere dell'essere umano è da sempre più intenso di quello, assolutamente faticoso, di partecipare. Stalin con intelligenza vivacissima s'impone, consapevole della messianicità del socialismo, del bisogno di credere e di amare di masse sterminate di intellettuali e di proletari di ogni parte del mondo, che hanno ritenuto fondamentale riconoscersi in un ideale profondamente religioso, quale quello comunista, di uguaglianza, giustizia, fratellanza e libertà per tutti gli esseri umani, a partire dagli ultimi, dai diseredati, gli umiliati, gli offesi, generazioni per secoli senza nome. Stalin sapeva bene che per Marx lo storicismo è uno strumento duttile d'analisi del divenire storico e non una filosofia totalizzante e indiscutibile, lui stesso ne darà ampia prova con i necessari cambiamenti d linea, ma al contempo sapeva quali fossero le impellenze politiche e ideologiche di quel momento storico e in ragione di queste ha agito.

Già Lenin in "*Che fare?*" nel 1902 ritiene si possa arrivare alla transizione al socialismo senza passare per una fase di intenso sviluppo capitalistico e fa così propria le tesi del messianismo populista russo, il "*narodnicestvo*". L'industrializzazione forzata imposta dallo zarismo a fine '800 ha creato una fragile classe operaia senza radici, Lenin intuisce quindi che non solo occorre fare affidamento su di essa, ma anche sui contadini, stragrande maggioranza dell'impero, e sui soldati, che altri non sono che operai e contadini forzatamente obbligati a lasciare le loro case per la leva obbligatoria. In questo senso rompe con Plechanov che mira a sviluppare il POSDR, il Partito Operaio Socialdemocratico Russo, nel solco del gradualismo intrapreso dalla socialdemocrazia tedesca. Lenin anzi teorizza la sufficienza di un gruppo di rivoluzionari ben organizzati per "*capovolgere la Russia*". È il consolidarsi dell'idea della necessità di un gruppo dirigente chiamato a guidare le masse più che a coinvolgerle, una scelta che, pur con i suoi limiti dal punto di vista della pedagogia rivoluzionaria dell'emancipazione personale e collettiva, si rivelerà vincente nel più grande sconvolgimento del Novecento, la vittoriosa Rivoluzione d'Ottobre. Proprio il "*Che fare?*" rigetta ogni idea di partecipazione democratica, ritenendo il proletariato russo di inizio secolo incapace di elaborare un'ideologia indipendente e formulando quindi l'idea del partito centralizzato e di quadri. È anche una rottura con Lunačarskij, il quale è convinto degli esiti marxisti, ovvero rivoluzionari, dell'organizzazione sindacale, mentre Lenin ne paventa una deriva moderata e legata alla sola rivendicazione salariale. Lenin insomma diffida della possibilità di attendere la presa di coscienza della propria condizione di sfruttati da parte dei proletari, crede, con un'esagerazione che si dimostrerà vincente, che sia prossimo il tempo dell'affermazione del socialismo, più per fideismo marxista che per reale analisi marxista dello stato di cose allora presenti. Lenin teorizza, più o meno consapevolmente, un'antropologia politica della disciplina di partito, per altro facendosi erede del populismo russo di matrice progressista, anche in contrasto con gli ultimi epigoni del populismo che deragliano, di fronte alla nascita del proletariato, nella più retriva slavofilia e in un arcaismo mitologico del contadino russo, visto come portatore dei valori nazionali, contrapposti a quelli internazionalisti del proletario urbano, una tesi contestata duramente da Gorkij, secondo cui nelle campagne vive "*un contadiname ignorante e smidollato*" intriso di "*un individualismo feroce, da proprietari, che avrebbe immancabilmente dichiarato una guerra spietata alla classe operaia*". Anche in questo caso, molto tempo dopo, sarà Stalin, con mano dura, a risolvere il problema delle campagne, eliminando chi si opponeva alla costruzione socialista e di questo Gorkij gliene sarà grato. Va altresì aggiunto che taluni populisti progressisti, in quell'inizio di secolo, sulla scorta della visione socialisteggiante espressa da Marx nei confronti dell'*obscina*, la comune contadina russa, trovano ragioni per riconoscersi nell'annuncio leniniano dell'imminenza rivoluzionaria. Contemporaneamente all'elaborazione teorica leniniana, Lunačarskij riflette su come il sacro sia una dimensione irrinunciabile per gli esseri umani, un'esigenza antropologica e sociologica al contempo personale e collettiva e insieme a Gorkij sviluppa il *bogostroitelstvo*, ovvero l'idea laica di divinizzazione del popolo. Gorkij nel suo romanzo "*Confessione*" del 1908 dichiara apertamente, trasformando le proprie idee nelle parole del protagonista, che "*Dio è il buon popolo! L'innumerevole popolo del mondo! Lui il protomartire più grande di tutti quelli glorificati dalla chiesa, ecco chi è dio, il dio che compie i miracoli! Il buon popolo è immortale, io credo nel suo spirito, della sua forza faccio professione! È lui il principio della vita, il principio unico e indubitabile! È lui il padre di tutti gli dei passati e futuri!*" Ovviamente questo popolo compie miracoli, non solo sociali, e infatti in una manifestazione è capace di ridestare una paralitica, che inizia a manifestare anche lei, camminando tra le rosse bandiere. Con questo immediato riferimento evangelico Gorkij inventa una trascendenza sociale più comprensibile e più immediata della trascendenza soprannaturale. Questa visione teologica del popolo si incontrerà con quella staliniana dell'uomo nuovo socialista, vero creatore del mondo nuovo, fondato sull'uguaglianza. L'idea gorkiana e lunaciarskiana della religione come anelito insopprimibile della natura umana si materializza così in una nuova fede, capace di mettere, almeno per Gorkij, alle spalle i dissidi e le differenze con Lenin, da lui sempre criticato e detestato in vita, per quanto in una dinamica di reciproco e sincero rispetto, che non ha escluso poderosi attacchi anche da parte di Lenin allo scrittore. Gorkij accetta infatti l'idealizzazione profetica di Lenin, voluta da Stalin. A Lenin si ascrive l'acutezza e l'intelligenza di aver portato al successo la Rivoluzione d'Ottobre, instaurando il potere sovietico, e con sincera commozione alla sua morte Gorkij scrive: "*nella persona di Lenin il mondo ha perduto l'uomo che tra tutti i grandi uomini contemporanei era la più viva incarnazione del genio*". *Bogostroitelstvo*, la costruzione di dio, insomma, questa costruzione di una religione laica apparteneva a tutti i bolscevichi, escluso Bogdanov, è l'incontro tra l'idea gorkiana dell'umile che si fa consapevolmente proletario e cambia il mondo e quella leniniana di guida luminosa esercitata dal partito nel tessuto ideologico sovietico staliniano. Solo con questo passaggio il socialismo diventa, come il giacobinismo, un portatore universale di cambiamento, non un semplice miglioramento della vita di un dato popolo, ma un'idea senza confini, capace di unire gli sfruttati e i ribelli di tutta la terra nel tentativo di costruire un mondo più giusto, libero ed eguale. D'altronde Stalin sapeva bene che vi è una predisposizione umana al dogmatismo, necessariamente desiderato, in modo acritico e razionalmente irrazionale, per rispondere al bisogno emotivo e psicologico di certezze. Anche lo statunitense John Reed percepisce la dimensione religiosa della Rivoluzione d'Ottobre e nel suo "*I dieci giorni che sconvolsero il mondo*", scrive, di fronte alle bandiere rosse che prendono Pietrogrado nel 1917: "*capii che il religioso popolo russo non aveva più bisogno di preti che gli aprissero la strada al cielo. Esso cominciava a edificare sulla terra un regno più splendido di quello dei cieli.*" Per altro una visione religiosa del marxismo non è estranea a Marx stesso. Auguste Comte nell'elaborare il pensiero positivista intuiva il fallimento di una idea incapace di penetrare nella sfera delle emozioni e dei sentimenti. Marx allora ha agito in modo da dare un prestigio indiscutibile al pensiero e al metodo scientifico, associandolo alla certezza scientifica della vittoria finale delle classi sociali subalterne, riannodando così, intorno al pensiero che stava elaborando, il destino di tutti i millenarismi egualitari precedentemente prodotti dalla storia, tanto teorici, quanto malamente e azzardatamente tentati, e offrendo a questa aspettativa millenaristica religiosa ed egualitaria una teoria che, in ragione della sua scientificità, sarebbe stata appassionatamente invincibile. Il consenso del popolo sovietico negli anni '30 per la dirigenza staliniana, formata non solo da Stalin, ma anche da Molotov, Kaganovič, Vorošilov, Mikojan, Kalinin e molte altre e altri, nasce dagli indubbi successi e progressi sociali, dal miglioramento generale del livello di vita, dalla modernizzazione e industrializzazione del paese, che sarà fondamentale per la vittoria in Europa sul nazifascismo, dall'emancipazione delle donne dalle fatiche domestiche attraverso l'assunzione collettiva di lavori prima relegati al mondo femminile, dalla cura dei piccoli alla preparazione del cibo, ma altrettanto da un sentimento escatologico capace di trasformare la lotta di classe in un sentimento entusiasticamente condiviso.

Lo storico italiano Emilio Gentile ha scritto: "*come accade per tutte le religioni della politica, l'influenza della tradizione religiosa, consciamente o inconsciamente, per imitazione o per infiltrazione spontanea, penetrò nella politica di massa dei bolscevichi, e la impregnò di sé. L'iconografia mitica e simbolica della propaganda sovietica ricalcava moduli e formule della tradizione iconografica ortodossa e anche la nuova mitologia escatologica del comunismo universale assorbì le correnti tradizionali del millenarismo e del nazionalismo russo*." La trasformazione di Stalin, quale massimo esponente del partito, in unico depositario della vera dottrina marxista-leninista avviene certo con il suo contributo, ma come si capisce, anche e molto suo malgrado, o meglio, Stalin intuisce, a ragione, che, solo permettendo e promuovendo questo sviluppo molto popolare di consolidamento del consenso, si può rafforzare, tanto a livello interno, quanto internazionale, lo stato sovietico, che resterà, fino al 1945, insieme alla Mongolia, seconda nazione socialista della storia, l'unica alternativa mondiale a un sistema di paesi governati dal capitalismo e capaci di reggersi solo sul più feroce colonialismo. Perché non si deve mai dimenticare che mentre africani e asiatici parlavano da uomini liberi ed eguali a Mosca nei congressi comunisti, il razzismo e il colonialismo erano praticati da tutte le altre potenze, a partire dalle "democratiche" Francia e Gran Bretagna, che non disdegnavano le punizioni corporali e le fucilazioni d massa per i cittadini delle loro colonie, da sempre ridotti a sudditi e schiavi senza diritti, così come l'imperialismo statunitense dal 1945 ad oggi, ogni anno, ha ammazzato e uccide 20 milioni di persone nel mondo, come ampiamente documentato da una sterminata bibliografia, ovvero ogni quattro anni totalizza l'intero numero di morti attribuito dal "Libro nero" del comunismo a tutti gli ottanta anni di socialismo, se proprio si vuole utilizzare l'impropria contabilità mortuaria come criterio storico.

La trasformazione ideologica operata da Stalin non deve quindi essere letta come una contraddizione ispirata a uno stravangate culto della personalità, verso lui stesso e verso Lenin, ma è *un* naturale sviluppo di una tendenza intrinseca al marxismo russo. Stalin più di altri intuisce che l'ideologia comunista deve essere espressione, prima ancora che di un insieme di teorie politico-economiche, della coscienza sociale degli uomini progressisti che hanno scelto di battersi contro lo sfruttamento e contro il primato del denaro, ovvero del capitale, e che hanno deciso di lottare per la creazione di una società in cui il potere sia nelle mani dei lavoratori, non già di ristretti gruppi aristocratici o borghesi. Da qui la divinizzazione del soggetto collettivo incarnato nella Rivoluzione, nei suoi padri e continuatori e questo nonostante gli anni della guerra civile abbiano indurito ancor di più la disciplina leniniana del partito, burocratizzandola e in parte militarizzandola a scapito della collegialità. Convergenza ideale, lotta ai contadini antirivoluzionari e diffusione del sapere avvicinano sinceramente Gorkij a Stalin, facendoglielo ammirare. Dirà Gorkij: "*dare la cultura al popolo, alfabetizzare le masse contadine, far stampare milioni di libri, il sogno della mia vita si sta realizzando*." Si dispiega infatti, per la prima volta nella storia dell'umanità, una diffusione di libri importanti e stampati in milioni di copie per una universale biblioteca popolare ad uso dei lavoratori, contadini e operai. Realizzare quelle collane editoriali di indirizzo divulgativo, che Gorkij aveva sempre auspicato, diventa possibile in ragione della vittoria sull'analfabetismo – nel 1917 ancora i tre quarti della popolazione – conseguita dal *Narkompros, il* Commissariato del Popolo per l'Istruzione, diretto dal mitico 7 novembre '17 al settembre del '29 dal suo amico Lunačarskij, il quale si prodiga in uno sforzo enorme volto alla formazione di docenti capaci di superare l'autoritarismo quale metodo pedagogico e per un coinvolgimento attivo degli studenti nei processi di apprendimento. Dopo le scuole libertarie spagnole di inizio Novecento, è certamente questo il contributo più importante nella costruzione di una pedagogia libera dagli schemi dell'autoritarismo borghese, tristemente piegato alla mera trasmissione dei saperi in una funzione di riproduzione sociale del sistema di sfruttamento esistente, per altro ancora prevalente oggi nelle scuole occidentali. Gorkij è quindi entusiasta, non solo della vittoria sull'analfabetismo, ma anche e soprattutto della seconda campagna d'alfabetizzazione, quella voluta da Stalin e mirante a offrire strumenti culturali più ampi alle masse sovietiche.

La storica Paola Cioni ha scritto: "*il linguaggio religioso, privato di ogni riferimento alla trascendenza, si rivelava molto utile per la diffusione del socialismo perché in grado di risvegliare sentimenti vicini all'immaginario popolare. Stalin si rendeva ben conto che per conquistare il favore delle masse era necessario trasmettere idee semplici, familiari, a tutti comprensibili*." È la nascita di una vera e propria religione della collettività, fondata su miti e simboli profondamente iscritti nella memoria e nel cuore del popolo, mirante al trionfo della libertà e dell'uguaglianza, fondata su concetti molto elementari, ma potentemente capaci di diventare patrimonio di tutti i militanti a partire dal concetto secondo cui il partito è l'avanguardia del proletariato ed è infallibile, perché in esso si incarna la dialettica della storia. Non solo per Stalin, ma per tutti i bolscevichi, da sempre, l'edificazione socialista di un nuovo mondo avrebbe portato a superare, con l'affermazione della collettività, ogni individualismo. È evidentemente la costruzione di un materialismo metafisico e al contempo concreto e incarnato nella viva sofferenza degli sfruttati che, attraverso la realizzazione di una nazione senza padroni, l'Unione Sovietica, vedono avvicinarsi l'orizzonte della fine dello sfruttamento dell'uomo sull'uomo. Per i popoli sovietici di fede ortodossa, a confermare questa trasformazione sociale, il "krasnij ugolok" l'angolo delle icone, che in ogni caso non vengono sfrattate dalle isbe e dalle case, viene ora occupato dalle fotografie di Lenin, Stalin, Molotov, Kaganovič, Vorošilov, una sostituzione nella continuità che il semiologo Jurij Michajlovič Lotman ritiene si innesti nella "*ossatura strutturante invariante della cultura*" di un popolo.

In merito al realismo socialista, di cui Brecht negli anni '50 darà quella che ritengo la migliore definizione: "*realismo socialista significa fedele riproduzione della convivenza umana effettuata dal punto di vista socialista, con i mezzi dell'arte*", va ricordato come, anche in questo caso, Gorkij fin dalle sue prime opere di fine '800 rifiuti la visione borghese del mondo interiore dell'autore e respinga ogni soggettività individualistica, riannodandosi per altro all'antica tradizione letteraria russo-ortodossa, da sempre promotrice di una norma scrittoria collettiva e anonima, avversaria di qualsiasi soggettivismo e ispirata a dire parole di verità in vista del fine superiore: l'affermazione del bene, una visione che confluisce interamente nel realismo socialista. Gorkij interviene infatti anche al Congresso degli Scrittori Sovietici a Mosca nel 1934, dichiarando che l'opera d'arte deve avere forma realista e contenuto socialista, nel solco della dottrina marxista-leninista. Il documento finale chiarisce: "*Il realismo socialista, che è il metodo fondamentale della letteratura creativa e della critica letteraria sovietica, richiede all'artista una rappresentazione veridica e storicamente concreta del reale, nel suo sviluppo rivoluzionario. Con ciò, la veridicità e la concretezza storica della rappresentazione artistica del reale, devono unirsi all'obiettivo del mutamento ideologico e dell'educazione dei lavoratori nello spirito del socialismo.*" Purtroppo questa dimensione meravigliosamente spirituale del realismo socialista, che lo arricchisce e in parte indirizza, non è compresa dagli storici della letteratura e dai critici letterari occidentali, tutti segnati da un una irrimediabile visione individualistica e soggettivistica della realizzazione artistica, letteraria o pittorica, incapaci, non avendo quasi sempre alcuna conoscenza della cultura ortodossa e russa, di comprendere il senso profondo delle creazioni artistiche e letterarie socialiste, così come mostrano totale incapacità nel comprendere che, dentro il contesto socialista, l'attività artistica è inscindibile dall'impegno sociale e politico. Tutto ciò, certo mediato dalla storia della cultura russa, è stato possibile perché le idee di Marx si sono fatte stato, manifestandosi nello strepitoso avvenimento dell'irruzione del marxismo nella storia.

NON SOTTOVALUTARE LA SOVRASTRUTTURA

DI MASSIMILIANO AY
segretario politico del Partito Comunista (Svizzera)

Il venir meno delle società socialiste nell'Europa dell'Est ha accentuato, quasi più a sinistra che a destra, e persino fra i neo-comunisti odierni, la tendenza a liquidare non solo la storia della Rivoluzione d'Ottobre, ma il marxismo in sé. Soprattutto la problematica della transizione al socialismo e la questione del potere di classe, quando non del tutto escluse dal dibattito teorico, sono regolarmente banalizzate ad alcune "formulette" avulse dalla realtà. Le poche righe che seguono, più che un complemento al testo di Davide Rossi, sono piuttosto alcuni appunti sparsi che mirano non tanto ad una qualsivoglia esaustività, ma a fungere da spunto di riflessione che possa essere utile nella costruzione del partito comunista adatto all'oggi e nel ragionamento sulla futura società socialista. Lungi da me l'intenzione quindi di perdermi in sofismi teorici che tanto piacciono agli intellettuali (neo-)marxisti del giorno d'oggi, completamente inseriti nelle dinamiche post-moderne, nella disastrosa società liquida, e che non si sono mai sporcati le mani con la politica vera e con il sindacato. L'undicesima tesi su Feuerbach è peraltro molto chiara per quanto riguarda il legame stretto fra teoria e prassi nel pensiero di Marx: "I filosofi hanno finora *interpretato* il mondo in modi diversi; si tratta ora di *trasformarlo*".

Karl Marx ci ha insegnato che la struttura economica è la base della società umana, sulla quale si edifica poi la sovrastruttura ideologica (l'ordinamento dello Stato, l'apparato giuridico, le concezioni morali, i partiti politici, la religione, le idee, ecc.). Era il suo compagno Friedrich Engels, nell'Anti-Dühring, a sostenere (a ragione) come ogni società si modelli su ciò che si produce, sul modo con cui si produce e sul modo attraverso cui si scambia ciò che si produce. Sempre Engels spiegava come le origini delle trasformazioni sociali, culturali e politiche vanno ricercate nell'economia e non nella filosofia. Ed è nota la frase di Marx: "*non è la coscienza degli uomini che determina il loro essere sociale, ma è, al contrario, il loro essere sociale che determina la loro coscienza*".

Questo concetto va instancabilmente ripetuto a quell'ampia parte della sinistra europea che vede la politica ormai come un vago e astratto susseguirsi di mera indignazione, di lotte che confondono le priorità e che pongono i diritti di classe in uno stato di subalternità rispetto ai diritti civili. E tuttavia una riflessione autocritica va fatta anche fra i marxisti più conseguenti: vedere infatti nell'elemento strutturale l'unico fattore degno di analisi, è anch'esso un errore. Ritenere che il cambiamento delle condizioni oggettive nella società porti automaticamente al cambiamento della coscienza ideologica e dunque al cosiddetto "uomo nuovo socialista" sarebbe una imperdonabile leggerezza. Certo, teoricamente, chiunque conosca il materialismo dialettico risponderebbe che pure la sovrastruttura influisce nella storia dell'umanità; e tuttavia, molto spesso, vediamo l'incapacità di vari militanti delle organizzazioni comuniste di coniugare la giusta concretezza con l'attenzione all'armamentario ideologico che rende diverso un partito comunista da qualsiasi altro partito progressista.

Teoria e prassi sono troppo spesso disgiunte, così come troppo spesso inapplicato è sia il metodo di "unità – azione – unità su nuove basi" sia quello di "teoria – lotta – nuova teoria" che dovrebbe rappresentare invece la quintessenza di ogni partito che si ponga nel solco del socialismo scientifico. Percepiamo così da un lato l'esistenza di partiti di tradizione marxista che si ingrandiscono, ma che quasi di conseguenza perdono l'orientamento strategico che dovrebbe essere loro proprio e finiscono per rinunciare a un'impostazione rivoluzionaria; ma dall'altro vediamo anche altre realtà politiche che finiscono in un'ideologismo meramente libresco e parolaio, del tutto incapace di inserirsi nelle contraddizioni materiali e di analizzare con metodo la fase in cui ci troviamo ad operare.

L'antidoto però esiste, ed è un serio ritorno al marxismo, inteso come socialismo scientifico, come squisita analisi dello stato di cose materialmente presenti.

Tralasciare l'elemento sovrastrutturale sia nel processo di costruzione del Partito, sia poi nella transizione socialista del proprio Paese, può costare molto caro. Benché le riforme economiche in corso oggi nei paesi che sono rimasti socialisti dopo il crollo del biennio 1989/1991 siano più che mai auspicabili nell'ottica dell'accumulazione primaria di capitale indicata dallo stesso Marx, in alcune situazioni sono state erroneamente poste in secondo piano le esigenze ideologiche, spingendo gli stessi quadri di Partito verso atteggiamenti burocratici, carrieristi e individualisti, peraltro direttamente connessi con la persistenza di elementi capitalistici nella società, che poi frenano, a volte pure in modo estremamente grave, la "coscientizzazione" delle fasce popolari.

Il tentativo di portare la rivoluzione socialista nella sovrastruttura, accelerando così la trasformazione della concezione del mondo nella coscienza a livello di popolazione e di classe lavoratrice – al netto delle problematicità e delle forzature delle esperienze concrete soprattutto nella Cina della "Grande Rivoluzione Culturale Proletaria" e nella Corea dello "Juché" – necessita a tutt'oggi di uno studio attento da parte dei marxisti. Esso dovrà essere volto all'attualizzazione del concetto e alla sua democratizzazione, perché non sarà con la violenza autoritaria che si riuscirà a sconfiggere l'egemonia culturale e la concezione borghese del mondo. La mentalità degli esseri umani può trasformarsi in senso rivoluzionario con la persuasione, non con la coercizione né con metodi amministrativi sperimentati almeno in parte in alcune realtà del socialismo reale novecentesco. In tal senso una seria politica educativa a partire dai quadri del Partito è di fondamentale importanza. Essa deve portare a un equilibrio, soprattutto in una fase transitoria, fra gli incentivi materiali e quelli morali, che poi a loro volta sono connessi con un ulteriore equilibrio fra la ridistribuzione e la produttività.

La trasformazione della concezione del mondo è essenziale per mantenere salda la linea del Partito e per contribuire, liberandosi dalle influenze culturali borghesi e individualistiche, al processo politico verso il socialismo. Il Marx della "Ideologia tedesca", lo aveva bene in chiaro: le idee dominanti, spiegava, sono le idee della borghesia poiché essa dispone di tutti i mezzi economici, informativi, educativi, ecc. per trasmettere i suoi canoni: "*le idee della classe dominante sono in ogni epoca le idee dominanti; cioè la classe che è la potenza materiale dominante della società è in pari tempo la sua potenza spirituale dominante. La classe che dispone dei mezzi della produzione materiale dispone con ciò, in pari tempo, dei mezzi della produzione intellettuale, cosicché a essa in complesso sono assoggettate le idee di coloro ai quali mancano i mezzi della produzione intellettuale. Le idee dominanti non sono altro che l'espressione ideale dei rapporti materiali dominanti, sono i rapporti materiali dominanti presi come idee: sono dunque l'espressione dei rapporti che appunto fanno di una classe la classe dominante e dunque sono le idee del suo dominio*".

Senza dare dunque una giusta importanza al fattore soggettivo e creativo dei militanti e in generale delle masse popolari, risulta molto difficile non solo da un lato evitare il dogmatismo, ma dall'altro anche sviluppare la passione che impedisce il resuscitare delle idee borghesi. E se ciò è in qualche modo un rischio "naturale" nel capitalismo; anche nel socialismo la situazione non è da negare. In effetti, se accanto allo sviluppo materiale dello standard di vita non si sottolinea pure un'adeguata iniziativa culturale, il rischio che una volta garantiti i diritti sociali si vedranno rinascere aspetti consumistici ed egoistici fra la popolazione, a partire dagli stessi quadri di Partito, non dovrà stupire.

Spesso la natura dell'essere umano è stata vista unicamente per la totalità dei rapporti sociali e della produzione economica. Il materialismo dialettico marxista spiega che il mondo è costituito dalla materia e dalle leggi fisiche e chimiche che lo fanno muovere, e certamente non da idee o da spiriti. Ma questo non deve spingere fino a negare il ruolo chiave dell'essere umano quale essere vivente creativo e non istintivo, capace cioè di modificare la materia stessa e dunque riconoscere ad esso un ruolo centrale nell'edificare il Partito e nel procedere nella transizione socialista.

LE IDEE DOMINANTI NON SONO ALTRO CHE L'ESPRESSIONE IDEALE DEI RAPPORTI MATERIALI DOMINANTI

DI KARL MARX

Il fatto è dunque il seguente: individui determinati che svolgono un'attività produttiva secondo un modo determinato entrano in questi determinati rapporti sociali e politici. In ogni singolo caso l'osservazione empirica deve mostrare empiricamente e senza alcuna mistificazione e speculazione il legame fra l'organizzazione sociale e politica e la produzione. L'organizzazione sociale e lo Stato risultano costantemente dal processo della vita di individui determinati; ma di questi individui, non quali possono apparire nella rappresentazione propria o altrui, bensì quali sono realmente, cioè come operano e producono materialmente, e dunque agiscono fra limiti, presupposti e condizioni materiali determinate e indipendenti dal loro arbitrio.

La produzione delle idee, delle rappresentazioni, della coscienza, è in primo luogo direttamente intrecciata all'attività materiale e alle relazioni materiali degli uomini, linguaggio della vita reale. Le rappresentazioni e i pensieri, lo scambio spirituale degli uomini appaiono qui ancora come emanazione diretta del loro comportamento materiale. Ciò vale allo stesso modo per la produzione spirituale, quale essa si manifesta nel linguaggio della politica, delle leggi, della morale, della religione, della metafisica, ecc. di un popolo.

Sono gli uomini i produttori delle loro rappresentazioni, idee, ecc., ma gli uomini reali, operanti, così come sono condizionati da un determinato sviluppo delle loro forze produttive e dalle relazioni che vi corrispondono fino alle loro formazioni più estese. La coscienza non può mai essere qualche cosa di diverso dall'essere cosciente, e l'essere degli uomini è il processo reale della loro vita. Se nell'intera ideologia gli uomini e i loro rapporti appaiono capovolti come in una camera oscura, questo fenomeno deriva dal processo storico della loro vita, proprio come il capovolgimento degli oggetti sulla retina deriva dal loro immediato processo fisico.

Esattamente all'opposto di quanto accade nella filosofia tedesca, che discende dal cielo sulla terra, qui si sale dalla terra al cielo. Cioè non si parte da ciò che gli uomini dicono, si immaginano, si rappresentano, né da ciò che si dice, si pensa, si immagina, si rappresenta che siano, per arrivare da qui agli uomini vivi; ma si parte dagli uomini realmente operanti e sulla base del processo reale della loro vita si spiega anche lo sviluppo dei riflessi e degli echi ideologici di questo processo di vita. Anche le immagini nebulose che si formano nel cervello dell'uomo sono necessarie sublimazioni del processo materiale della loro vita, empiricamente constatabile e legato a presupposti materiali.

Di conseguenza la morale, la religione, la metafisica e ogni altra forma ideologica, e le forme di coscienza che ad esse corrispondono, non conservano oltre la parvenza dell'autonomia. Esse non hanno storia, non hanno sviluppo, ma gli uomini che sviluppano la loro produzione materiale e le loro relazioni materiali trasformano, insieme con questa loro realtà, anche il loro pensiero e i prodotti del loro pensiero. Non è la coscienza che determina la vita, ma la vita che determina la coscienza. Nel primo modo di giudicare si parte dalla coscienza come individuo vivente, nel secondo modo, che corrisponde alla vita reale, si parte dagli stessi individui reali viventi e si considera la coscienza soltanto come la loro coscienza. Questo modo di giudicare non è privo di presupposti. Esso muove dai presupposti reali e non se ne scosta per un solo istante. I suoi presupposti sono gli uomini, non in qualche modo isolati e fissati fantasticamente, ma nel loro processo di sviluppo, reale ed empiricamente constatabile, sotto condizioni determinate.

Non appena viene rappresentato questo processo di vita attivo, la storia cessa di essere una raccolta di fatti morti, come negli empiristi che sono anch'essi astratti, o un'azione immaginaria di soggetti immaginari, come negli idealisti. Là dove cessa la speculazione, nella vita reale, comincia dunque la scienza reale e positiva, la rappresentazione dell'attività pratica, del processo pratico di sviluppo degli uomini. Cadono le frasi sulla coscienza e al loro posto deve subentrare il sapere reale.

Le idee della classe dominante sono in ogni epoca le idee dominanti; cioè, la classe che è la potenza materiale dominante della società è in pari tempo la sua potenza spirituale dominante. La classe che dispone dei mezzi della produzione materiale dispone con ciò, in pari tempo, dei mezzi della produzione intellettuale, cosicché a essa in complesso sono assoggettate le idee di coloro ai quali mancano i mezzi della produzione intellettuale. Le idee dominanti non sono altro che l'espressione ideale dei rapporti materiali dominanti, sono i rapporti materiali dominanti presi come idee: sono dunque l'espressione dei rapporti che appunto fanno di una classe la classe dominante, e dunque sono le idee del suo dominio. Gli individui che compongono la classe dominante posseggono fra l'altro anche la coscienza, e quindi pensano; in quanto dominano come classe e determinano l'intero ambito di un'epoca storica, è evidente che essi lo fanno in tutta la loro estensione, e quindi fra l'altro dominano anche come pensanti, come produttori di idee che regolano la produzione e la distribuzione delle idee del loro tempo; è dunque evidente che le loro idee sono le idee dominanti dell'epoca. Per esempio: in un periodo e in un paese in cui potere monarchico, aristocrazia e borghesia lottano per il potere, il quale quindi è diviso, appare come idea dominante la dottrina della divisione dei poteri, dottrina che allora viene enunciata come "legge eterna".

Da "L'ideologia tedesca"

BIBLIOGRAFIA

K. Marx – F. Engels, *Opere complete*, in sigla *MEOC*, Editori Riuniti 1972-94 e seguenti, realizzata a partire dalla Marx-Engels-Werke, in sigla *MEW*, 43 volumi (45 libri), editati dal 1956 al 1990 da parte dell'Istituto di Marxismo-Leninismo presso il Comitato Centrale della SED (Vol. 1-42) e mentre l'ultimo volume è stato pubblicato dall'Istituto di Storia del Lavoro attraverso l'editore Dietz.

Giuseppe Bedeschi, *Marx*, Laterza 1995

Emanuele Ronchetti, *Marxismo*, Editrice bibliografica 1995

Friedrich Engels, *Per la storia della Lega dei comunisti*, Roma 1970

R. Sidoli, M. Leoni e D. Burgio, *Leggi economiche universali e comunismo*, editrice Aurora 2014

Vladimir Lenin, *Tre scritti sul Marxismo*, PCI Roma 1973

Kim Jong Il, *Nel centenario della morte di Karl Marx, 1983 Pyongyang*

Iosif Stalin, *Anarchia o socialismo?*, Edizioni Rinascita 1950

Iosif Stalin, *Materialismo storico e materialismo dialettico*, Edizioni CIDEC 1970 estratto da *Storia del Partito Comunista (bolscevico) dell'Unione Sovietica,* Mosca 1938 e successive

Peter Singer, *Marx*, Oxford University Press 1980

Michail Suslov, *Marx maestro e capo geniale della classe operaia*, Novosti Mosca 1968

Alain Bihr, *La logica misconosciuta del Capitale*, Mimesis 2011

Slavoj Žižek, *Contro i diritti umani*, Il saggiatore

Enzo Rava, *Il corsaro Jean Lafitte finanziò il Manifesto di Karl Marx*, Manifestolibri 2004

Ho Chi Min, *Anche i poeti imparino a combattere*, PGRECO 2017

Domenico Losurdo, *Il marxismo occidentale. Come nacque, come morì, come può rinascere*, Laterza 2017

E. Donaggio - P. Kammerer (a cura di), K*arl Marx. Antologia. Capitalismo, istruzioni per l'uso*, Feltrinelli, 2007

Lineamenti fondamentali della critica dell'economia politica 1857-1858, Firenze, La Nuova Italia, 1969

Per la critica dell'economia politica, Roma, Editori Riuniti, 1969

Teorie sul plusvalore, in Marx, Karl e Engels, Friedrich, *Opere*, Roma, Editori Riuniti, 1974

"Il Capitale", Libro I, capitolo VI inedito, Milano, ETAS, 2002

"Il Capitale", Torino, UTET, 1987
Carteggio, in Marx, Karl, e Engels, Friedrich, *Opere*, Roma, Editori Riuniti, 1974
Althusser Louis, *Leggere "Il Capitale"*, Milano, Mimesis, 2006
Bihr Alain, *La reproduction du capital*, Lausanne, Page deux, 2001
Grossmann Henrik, *Marx, l'economia classica e il problema della dinamica*, Bari, Laterza, 1971
Mattick Paul, *Marx e Keynes: i limiti dell'economia mista*, Bari, De Donato, 1972
Rosdolsky Roman, *Genesi e struttura del "Capitale" di Marx*, Bari, Laterza, 1971
Roubine Isaak, *Essais sur la théorie de la valeur de Marx* (1928), Paris, Syllepse, 2009
Tran Hai Hac, *Relire "Le Capital"*, Lausanne, Page deux, 2003
Vincent Jean-Marie, *Féticisme et societé*, Paris, Anthropos, 1973

RINGRAZIAMENTI

a Emilio Sabatino, amico e compagno inseparabile, senza cui nulla potrei

ai compagni della Corea Popolare che mi hanno stimolato alla scrittura di questo testo

a tutte le ragazze e i ragazzi del SISA, a tutto il SISA

a Massimiliano Ay e a tutte le compagne e i compagni del Partito Comunista Svizzero e del SISA Svizzera

a Pierluigi Colombini, amico, compagno e fotografo

a Jean, Pablo e Arminio del Rivellino di Locarno, i quali sempre mi sostengono e incoraggiano

a Fabio, mio E.E., a suo fratello Mattia

alla compagna Marilde per l'imprescindibile collaborazione

A Fabio, probabilmente con molte più "b", e a tutte e tutti gli amici berlinesi da Sandro a Cuini, per l'amicizia militante

A Pepi e Michelangelo che hanno letto e apprezzato

A Ugo e al San Giò, il Festival cinematografico più bello del mondo

Finito di stampare
nel mese di marzo 2018
da Digital Team - Fano (PU)